KB081094

불안하지 않게 사는 법

不抑郁的活法: 六祖壇經修心課

大星文化

인생을 편안하게 즐기며 사는 육조단경의 지혜

불안하지 않게 사는 법

페이융 지음 | **허유영** 옮김

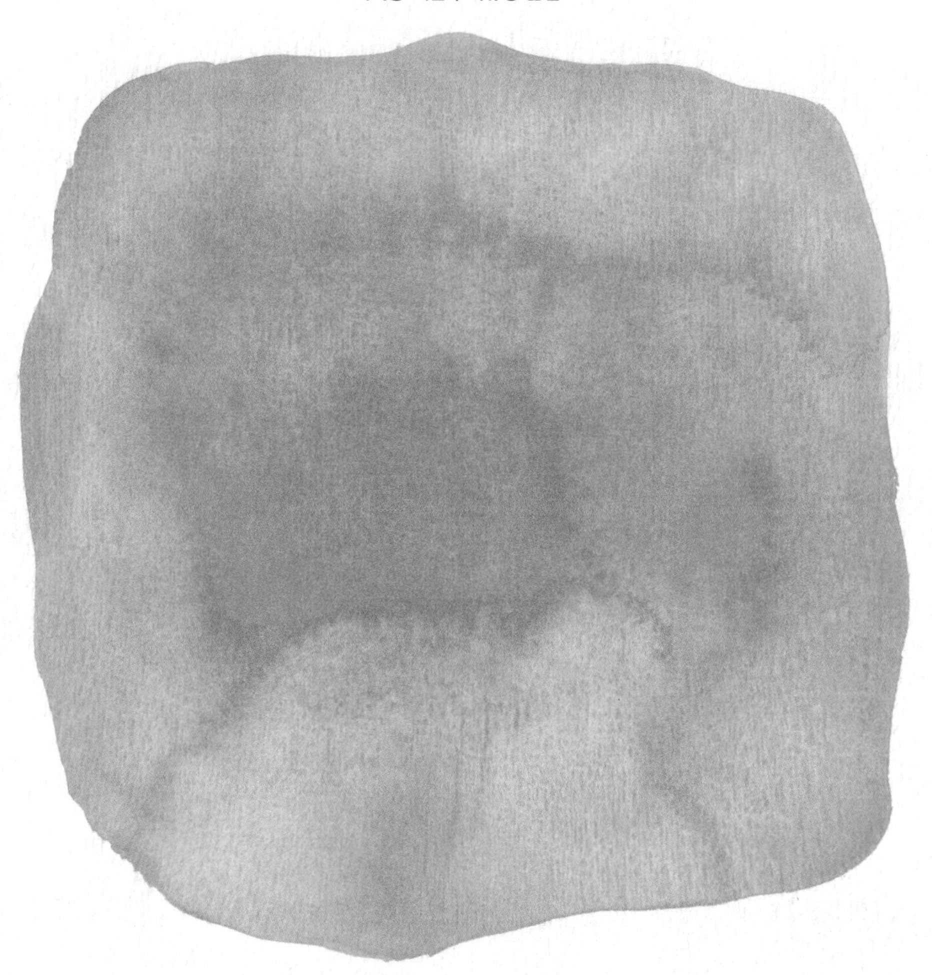

유노
북스

| 서문 |

왜 불안하지 않으려면 《육조단경》을 읽어야 하는가

주변을 둘러보면 불안감 때문에 고통받는 사람이 많다. 심지어 불안감이 자신을 갉아먹도록 내버려 둔 채 힘겹게 사는 사람들도 적지 않다.

언젠가부터 불안함은 아주 흔한 심리 상태가 되었다. 보이지 않는 힘이 자신을 짓누르고 삶이라는 그물이 자신을 꽁꽁 옭아매는 것 같다. 앞날이 막막한 데다 삶의 의미를 찾지 못한 채 어두운 터널 속에 갇혀 있다.

만약 지금 당신이 이런 곤경에 처했다면 어떻게 해야 할까? 보통은 여행하거나 쇼핑하거나 정신과 의사를 찾아가 상담한다. 이런 흔한 방법 말고 특별한 방법이 없는 듯하다.

방법을 여러 가지 다 써 보았지만 그래도 불안감을 떨칠 수 없다면《육조단경》을 읽어 보길 권한다.

어째서 불안한 사람은《육조단경》을 읽어야 할까? 어째서 모든 사람이《육조단경》을 읽어야 할까?

간단히 말하면《육조단경》은 종교 책이 아니라 사고방식과 인생을 사는 태도에 관한 책이자, 창의와 자유에 관한 책이기 때문이다. 어떻게 하면 깨달음을 얻고 불안감에서 벗어나 영혼의 자유를 얻을 수 있는지 우리에게 알려 준다.

지금 이 순간 자기 본모습이 무엇인지 알았다면 즉시 멈추어야 한다. 무엇을 멈출까? 바로 욕심이다. 욕심을 멈추고 자신의 본성을 일깨워 자기 자신의 진정한 목적을 잊지 말고 목적지가 어디인지 기억해야 한다.

《육조단경》은 우리에게 형식에 얽매이지 말라고 가르친다. 꼭 어떤 방식에 따라야 할까? 그렇지 않다. 진정으로 깨달았느냐가 중요하다.《육조단경》을 읽다 보면 세상 모든 것이 형식에 불과하다는 것을 알게 된다.

결혼도 직업도 마찬가지다. 우리가 그 형식이 목적에 도달하기 위한 수단이라는 걸 망각하고 형식 자체를 목적으로 삼는 순간 그 모든 것이 스트레스가 되어 버린다. 반대로 그것들이 형식에 불과하다는 것을 안다면 즐기는 마음으로 그것들을 대하게 되고 결과적으로 시끄러운 감옥 같은 이 세상에서 무엇에도 구애받지 않고 자유롭게 살 수 있다.

《육조단경》은 놀이처럼 즐기듯이 인생을 살라고 말한다. 서양 히피들이 선종을 좋아하고, 좋아하는 선승을 '미치광이'라고 부르는 이유가 바로 여기에 있다.

《육조단경》으로 대표되는 선종은 자유로운 유희와 같다. 독일 철학자 프리드리히 폰 실러도 "인간은 완전한 인간일 때만 유희하며, 인간은 유희할 때 비로소 완전한 인간이다."라고 말했다. 놀아도 좋고 미쳐도 좋다. 자신을 둘러싼 곳이 숨 막히도록 엄숙할 때 그곳에서 해방되는 길은 미쳐 버리는 것이다. 그것이야말로 바로 인생을 한 단계 높이 끌어올려 인간답게 사는 방법이다.

《육조단경》에서는 세상 모든 규칙에 연연하지 않는다. 특정한 때를 기다리는 것이 아니라 세상을 살아가는 매 순간 고통스럽지 않고 자유롭게 살아야 한다고 생각한다. 이것이 바로 《육조단경》에서 말하는 깨달음의 진정한 의미다. 선종에서는 매 순간이 온전해야 한다고 생각한다. 그 순간에 무엇을 하는지는 중요하지 않다. 오롯이 그 일에 집중하며 즐기는 것이 중요하다.

《육조단경》을 읽으면 자유로 향하는 문이 열린다. 그 문을 활짝 열어젖히고 자유를 한껏 누려 보라. 불안감을 떨쳐 내는 것은 물론이고 비로소 낙천적이면서도 자신감 넘치는 자신을 발견하게 될 것이다.

페이융

| 해설 |

단 15분 만에 이해하는《육조단경》

선종 불경《육조단경》은 유일하게 중국인이 쓴 불경이자 중국 불교의 유일한 경전이다.

《육조단경》은《단경》이라고도 부른다. 이《단경》이라는 명칭은 어떻게 생겨났을까? 단(壇)이란 '흙을 쌓아 만든 높은 곳'이라는 뜻이다. 그런데 불교에서는 여기에 뜻이 두 가지 있다. 하나는 승려가 출가할 때 부처의 계율을 지키며 살겠다고 서약하는 단을 의미하고, 다른 하나는 불공드릴 때 보살이나 부처를 모셔 놓는 곳을 의미한다.

당나라 중기에 승려 혜능이 소주 대범사에서 불법을 강의하고 불공드릴 때 앉아 있던 곳을 '단' 또는 '단장'이라고 했다.

혜능의 제자 법해가 이 단에 앉은 혜능이 했던 말을 기록해 책으로 엮은 것이 바로《단경》이다.

《육조단경》은 오랜 세월 동안 인쇄되지 않고 필사본으로만 존재했으며, 널리 알려지지 않은 채 종파 안에서 비밀스럽게 전해 내려왔다.

20세기 초 중국과 일본 학자들이 대영박물관과 중국 둔황에서《육조단경》둔황본(돈황본)을 발견했다. 이후 둔황본이 전파되는 과정에서 내용이 많이 덧붙거나 삭제되었고 여러 판본이 있다는 것을 알게 되었다. 지금까지 수많은 판본이 발견되었지만 둔황본보다 오래된 판본은 아직 발견되지 않았다. 여러 판본이 세부적으로는 차이가 있지만 전체 내용은 거의 비슷하다. 공통으로 모든 판본이 세 부분으로 나뉘어 있다.

제일 앞부분에는 혜능이 대범사에서 마하반야바라밀법을 이야기하고 무상계를 주었다는 내용이 기록되어 있다. 이 부분이 바로《육조단경》의 핵심이자 혜능 사상의 특징이 드러난 곳이다. 그다음은 혜능이 자기 경험을 이야기한 부분이다. 첫 번째와 두 번째 부분은 판본마다 내용이 대동소이하다. 마지막으로 혜능과 제자들이 나눈 대화와 임종 전 유언, 선종 계보 등에 관한 내용이 실려 있는데 이 부분은 판본마다 차이가 비교적 크다.

《육조단경》을 매우 특별한 불경이라고 부르는데, 거기에는 이유가 여러 가지 있다. 그중에서도 중국의 황량한 땅에 살던 까막눈 나무꾼에게서 시작되었다는 점이 가장 특별하다. 인류 사상사에 지대한 영향을 미친 경전이 일자무식 나무꾼의 머리에서 나온 사례는 아마 인류 역사를 통틀어 유일할 것이다.

그렇다면 혜능은 어떤 인물이었을까? 자료가 많이 남아 있지는 않지만 아주 단순한 인생을 살았던 인물이라고 짐작할 수 있다.

혜능은 당나라 정관 12년, 638년 신주(지금의 광둥성 신싱)에서 태어났다. 그의 아버지는 원래 범양(지금의 허베이) 사람이었으나 죄짓고 관직에서 쫓겨나 남쪽으로 유배당했다가 세상을 떠났다. 어린 나이에 아버지를 여읜 혜능은 어머니와 다시 떠돌아다니다가 남해(지금의 광저우)에 정착했다. 그는 어머니와 단둘이 살며 나무해다 팔아 생계를 유지했다.

그러던 어느 날 손님 집에 나무를 실어다 주러 갔다가 우연히 《금강경》을 읽는 사람을 보았다. 그는 불경 읽는 소리를 듣자마자 갑자기 뭔가 깨달은 듯이 가슴이 시원해졌다. 불경을 읽는 사람에게 어디 가면 《금강경》에서 말하는 도리를 배울 수 있느냐고 묻자 그 사람은 황매 풍무산에 사는 홍인선사를 찾아가 보라고 했다. 혜능은 그 길로 곧장 어머니에게 하직 인사하고 황매로 향했다.

길을 떠난 혜능은 조계(지금의 광둥성 취장현)에서 불법을 공부하는 유지략을 만나 의형제를 맺었다. 유지략의 고모가 무진장이라는 비구니로 그곳 절에 출가해 있었다. 혜능은 낮에는 유지략과 함께 일하고 밤에는 절에 가서 무진장이 읽어 주는《대열반경》을 들었다. 그러고 나서 혜능은 자신이 느낀 것을 말하곤 했다. 불경을 글로 이해한 것이 아니라 자기 마음으로 깨달았으므로 글을 모르고도 불성의 이치를 이해할 수 있었기 때문이다.

혜능은 조계의 보림사에서 약 3년간 공부한 후에 원선사가 낙창의 석굴에서 수행하고 있다는 소식을 듣고 찾아가 그에게 좌선을 배웠다. 또 멀지 않은 곳에 있는 혜기선사를 찾아가 그가 읽는《두타경》을 들었다.

하지만 그들의 방법에 만족하지 못하고 진정한 해탈 방법을 배우기 위해 황매에 있는 홍인선사를 찾아갔다. 674년 서른일곱 살 혜능이 마침내 황매 풍무산에 도착했다. 홍인선사는 혜능이 비범한 사람이라는 것을 알았지만 그를 가르치지 않고 대뜸 방아 찧는 일부터 시켰다. 혜능은 그때부터 여덟 달 동안 날마다 방아 찧는 일만 했다.

그러던 어느 날 홍인선사가 갑자기 제자들을 불러 놓고 게송

(불교 시)을 제일 잘 지은 제자를 자신의 후계자로 삼겠다고 했다. 모두 제일 총명한 신수의 게송이 뽑힐 것이라고 예상했다. 신수가 게송을 지었다.

> 몸은 보리수요, 마음은 명경대라
> 부지런히 털어 내어 먼지가 일지 않게 하리라

혜능이 신수의 게송을 보고 마음에 들지 않았는지 게송을 지었다.

> 보리는 본디 나무가 아니요, 명경 또한 대(臺)가 아니라네
> 본디 아무것도 없는데 어디서 먼지가 일어나리오

신수의 게송은 틀에 박혀 딱딱했지만 혜능의 게송은 사고 방향을 바꾸어 자유로운 경지에 도달했다. 혜능의 깨달음이 깊다고 판단한 홍인선사가 그에게 가사와 장삼을 주며 그날 밤으로 절을 떠나 남쪽으로 내려가게 했다.

이튿날 제자들이 그 사실을 알고 분노하여 가사와 장삼을 빼앗으려 혜능의 뒤를 쫓았지만 그를 잡지 못했다. 혜능은 신주 일대로 돌아와 산속에 은거하기 시작했다.

676년 혜능은 광저우의 법성사(지금의 광샤오쓰)를 찾아가 정식으로 머리를 깎고 출가했다. 정식으로 출가한 혜능은 조계의 보림사와 대범사에 가서 제자들에게 자신이 불성을 수행하는 방법을 알려 주었다.

《조계대사별전》에 따르면, 혜능이 제일 처음 불법을 설파할 때 사람들에게 이렇게 말했다고 한다.

"나에게 법이 하나 있는데 그것은 이름도 없고 글자도 없고, 눈도 귀도 몸도 생각도 없으며, 말로 표현할 수도 없고 보여 줄 수도 없다. 또 머리도 꼬리도 없고 안팎과 중간도 없고, 가지도 않고 오지도 않으며 빛깔도 없고, 있는 것도 아니고 없는 것도 아니고 원인도 결과도 없다."

혜능이 말한 법이란 바로 불성이다. 불성은 문자로 표현할 수 없기 때문에 모든 것을 부정함으로써 그것이 특정한 사물이 아님을 이야기한 것이다. 이것도 아니고 저것도 아니고, 이것도 없고 저것도 없다면, 무엇이란 말인가? 언어로 사고하는 데 길든 사람은 그의 말을 들으며 오리무중에 빠져 혼란스러워하다가 갑자기 진리를 깨닫게 된다. 혜능이 만든 이 방법을 '돈교(頓敎)'라고 하는데 이것이 훗날 선종의 특징이 되었다.

혜능이 조계에서 20여 년간 불법을 설파한 후 말년이 되자 그의 명성이 도읍까지 자자해졌다. 8세기 초 무렵 무측천과 당나라 중종이 혜능의 불법을 전수받고자 조계로 사신을 보내 그를 황궁으로 초청했다. 하지만 혜능은 두 번 모두 건강이 좋지 않다는 핑계로 완곡하게 거절했다.

705년 사신 설간이 도읍으로 돌아가 황제에게 전하겠다면서 혜능에게 좌선 방법을 알려 달라고 청했다. 그러자 혜능은《금강경》에 나오는 "만약 사람들이 여래가 앉거나 누워 있다고 한다면 이는 사람들이 나의 뜻을 이해하지 못한 것이다."라는 말을 인용하며 '불생불멸'의 이치를 이야기했다.

혜능이 설간에게 말한 좌선 방법을 요즘 말로 하면 '앉아 있는 것'이 좌선의 핵심이 아니라는 뜻이다. 그저 앉아만 있다고 해서 부처가 될 수는 없으며 부처가 되려면 깨닫고 행동해야 한다. 혜능은 작위적으로 행하지 않으면 누구나 부처가 될 수 있다고 했다. 작위적으로 행하지 않는다는 것은 무엇일까? 이것저것 구하지 않고 이것저것 분별하지 않으며 일상생활을 충실히 하는 것이다.

한마디로 순리에 따라 잘 살면 된다. 꽃이 피었다 지듯이 살고, 날이 흐렸다 개듯이 살면 된다. 속세를 떠나 적적한 곳에서 오로지 불성만을 추구하며 살 필요도 없고, 그렇게 한다고 해서 반드시 불성이 얻어지는 것도 아니다.

혜능은 712년에 고향 신주의 국은사로 돌아간 뒤 이듬해인 713년 8월 3일 나이 일흔여섯 살로 입적했다. 그해 11월 그의 유골이 조계로 옮겨졌다.

그런데 어째서 유독 혜능의《육조단경》만 경전으로 불리는 걸까?

이렇게 질문받으면 대부분 혜능의《육조단경》이 인도 불교의 복잡하고 엄격한 수행 방법에서 벗어나 돈오(頓悟)를 제창했기 때문이라고 대답할 것이다.《육조단경》에서 시작된 쉬운 수행 방법 덕분에 일반인들이 불교를 더 가깝게 느끼게 된 것은 맞다.

하지만《육조단경》이 전파한 독특한 수행 방법은 돈오가 아니다. 만약 혜능의 방법이 앞에서 말한 신수의 게송처럼 차근차근 수행하며 속세의 티끌을 조금씩 털어 내 진리를 터득하는 것이 아니라 어느 순간 불현듯 깨닫는 것이라고 알고 있다면, 혜능의 원뜻을 잘못 이해한 것이다.

돈오는 혜능이 만들어 낸 개념이 아니다. 석가모니가 보리수 아래에서 별안간 깨달음을 얻은 것이 바로 돈오이고, 혜능 이전에 도생선사도 돈오를 강조했다. 혜능의 특별함은 돈오에 있는 것이 아니라 '정혜등지(定慧等持)', 즉 '선정과 지혜 중 어느 것에도 치우치지 않고 똑같이 중요하게 여기며 수행하는 것'을 제창한 점에 있다.

혜능과 《육조단경》을 논할 때 '선(禪)'이라는 개념도 빼놓을 수가 없다. '선'이라는 한자는 '단의', 즉 '홑옷'이라는 뜻이고, 산스크리트어 'dhyana(디아나)'를 음역한 '선나(禪那)'를 줄인 말이다. 디아나는 '조용히 생각하다', '고요하게 바라보다'라는 뜻으로 불교의 수행 방법을 가리킨다.

혜능의 《육조단경》 이후 '선'의 의미에 변화가 생겨 단순히 조용히 수행하는 방법만이 아니라 일종의 사고방식과 인생을 대하는 태도로 범위가 확대되었다.

혜능은 좌선으로는 마음을 깨끗하게 하고 진정한 평정심을 얻는 것이 불가능하다고 생각했다. '앉음'이란 무엇일까? 한자리에 꼼짝도 하지 않고 앉아 있는 것이 아니라, 모든 것에 구애받지 않고 그 무엇에도 잡념이 생기지 않는 상태가 바로 진정한 '앉음'이다. 또 자신의 본성을 드러내고 미혹되지 않는 것이 바로 진정한 '선'이다. 중요한 것은 형식이 아니라 자기 내면의 깨달음이라는 것이 혜능의 생각이었다.

이것은 《육조단경》의 가장 혁명적 관점이기도 하다. 내면의 깨달음을 얻었다면 어떤 형식을 쓰든 효과가 있겠지만 내면에 깨달음이 없다면 어떤 형식을 쓰든 소용없다. 혜능은 앉아 있어야만, 또는 어떤 방식을 사용해야만 깨달음에 도달할 수 있다면 주객이 전도된 것이라고 했다. 반대로 깨달음을 얻고 나면 어떤 방식을 사용하든 그 깨달음이 후퇴하지 않는다고 했다.

《육조단경》의 가장 혁명적 관점 중 두 번째는 수행하기 위해 반드시 출가해야 하는 것은 아니고, 반드시 어떤 예법이 있어야 하는 것도 아니며, 일상생활에서 깨달은 마음을 지켜 매 순간에 충실하게 살면 된다는 것이다.

일상생활 속에서 수행하는 선종의 전통은《육조단경》에서부터 시작되었다. 출가와 수행은 필연 관계가 없다. 출가해서 절에 머무르고 있지만 나쁜 생각을 품는다면 그는 아직 '집'에 있는 것과 같고, 출가하지 않고 집에 있지만 선한 생각을 품는다면 그는 이미 출가한 것이나 다름없다. 한마디로 세상의 형식이 깨달음을 방해하지 않도록 해야 한다는 것이 혜능의 주장이다.

요컨대《육조단경》은 이 세상 모든 형식에 구애받지 않는 자유로운 책이다.

| 차례 |

2장 아무 일도 없는 것이 좋다
_ 불안하지 않게 사는 법

3장 숨 쉬는 사이에도 행복은 찾아온다
_ 일상 속 행복을 발견하는 비결

4장 좋은 생각이 악연을 없앤다
_ 관계를 조화롭게 만드는 지혜

5장 떠나야 돌아올 수 있다
_ 순간의 생각과 감정을 다스리는 길

6장 울타리에 얽매이지 않는다
_ 편견과 선입관에서 벗어나는 힘

7장 모두 거기에 있다
_ 본마음을 찾아 가는 여정

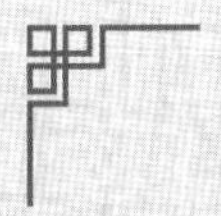

1장

좋아하는 일을 하고 하는 일을 좋아한다

_지금 이 순간에 충실한 삶

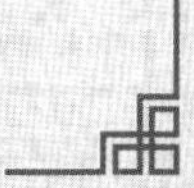

오랫동안 길들어 있던 궤도를 벗어나는 것은 쉬운 일이 아니다. 현재 처한 상황이 불만스러워도 막상 단념하고 떠나려고 하면 그로 말미암아 잃게 되는 것들 때문에 근심스러워서 결단을 내리기가 어렵다. 그때문에 많은 사람이 일생을 불안, 우울, 회한 속에서 살아간다. 자기가 좋아하는 일을 할 때는 결과에 연연하지 않고 즐겁게 일할 수 있다.

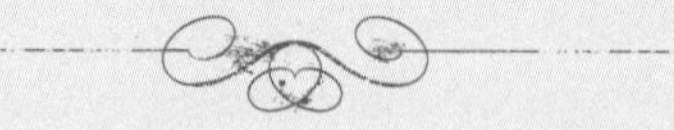

우리가 불안한 이유

혜능은 어릴 적 아버지가 돌아가신 뒤 어머니와 단둘이 남해에서 살며 나무를 팔아 근근이 생계를 유지했다.

어느 날 혜능이 손님 집에 장작을 실어다 주러 갔는데 마침 누군가《금강경》을 소리 내어 읽고 있었다. 그런데 이상하게 그 소리가 혜능의 마음을 흔들었다. 불경을 읽고 있는 사람에게 어디 가면 그 불경을 구할 수 있느냐고 묻자 황매에 있는 홍인선사를 찾아가 보라고 했다. 혜능은 그 길로 어머니에게 하직 인사하고 집을 떠나 황매로 향했다.

또 다른 판본에서는 손님에게 받은 열 냥(또는 백 냥)으로 홀어머니의 생계를 해결한 후에 떠난 것으로 되어 있다. 일부에서는 이 부분이 중국의 효 사상을 고려해 덧붙인 내용일 것이라고 추측한다.

같은 맥락에서 이 대목에 의구심을 제기하는 사람들이 있을 것이다. 석가모니, 혜능, 홍일법사 등 현자들이 큰 깨달음을 얻자마자 가족을 내버려 두고 집을 떠난 것은 너무 무책임한 행동이 아닐까?

하지만 이런 의구심은 보통 사람의 생각이다. 특히 부모가 살아 계실 때는 멀리 나가지 말고 밖에 나갈 때는 반드시 행선지가 있어야 한다는 동양인의 관념이다. 큰 깨달음을 얻은 현자들은 세속 생활보다 한 단계 높은 차원에서 효도를 해석하고 실천하기 때문에 큰 문제가 되지 않는다.

이 단락의 매력은 한 사람의 일생에서 가장 중요한 전환점이 된 사건을 무심한 어조로 이야기한다는 점이다. 우리는 태어나면서부터 자연스럽게 사회 관습을 받아들이고 예외 사건이 발생하지 않는 한 사회가 정해 놓은 궤도를 따라 일생을 살아간다. 앞 세대 사람들이 살았고 같은 시대 사람들이 살고 있는 길을 따라가면 그만일 뿐, 굳이 자기만의 독특한 길을 개척하려는 사람들은 많지 않다.

만약 혜능이 《금강경》을 만나지 않았더라면 그는 평생 외진 지방에서 다른 나무꾼들과 다를 바 없이 살다가 조용히 생을 마감했을 것이다. 불경 읽는 소리를 들은 것은 우연한 사건이었다. 그 우연은 그의 인생에 확장 가능성을 부여했을 뿐 인생 자체를 바꿔 놓은 것은 아니었다.

만약《금강경》이 혜능의 마음을 움직이지 못했다면 그저 아무 의미 없이 지나가는 우연으로 끝났을 것이다. 또 설령 혜능이 그걸 듣고 감명받았더라도 생계에 얽매여, 홀어머니 걱정에, 또는 먼 길을 가야 하는 것을 두려워하여 불법을 구하고 싶다는 생각을 버리고 계속 나무꾼으로 살았을 수도 있다. 만약 그랬다면 그 우연은 한순간 스치는 헛된 생각을 만들어 낸 것으로 끝나고 그는 또다시 고인 물 같은 일상으로 돌아왔을 것이다.

혜능의 비범함은 직관적으로 깨닫는 능력 때문이기도 하지만 그보다 더 돋보이는 것은 과감하게 포기하는 용기와 행동력이었다.

오랫동안 길들어 있던 궤도를 벗어나는 것은 쉬운 일이 아니다. 현재 처한 상황이 불만스러워도 막상 단념하고 떠나려고 하면 그로 말미암아 잃게 되는 것들 때문에 근심스러워서 결단을 내리기가 어렵다. 그때문에 많은 사람이 일생을 불안, 우울, 회한 속에서 살아간다.

훌륭하거나 소위 성공했다는 사람들에게는 공통점이 한 가

지 있다. 자기가 진정으로 원하는 것과 할 수 있는 일은 무엇인지 잘 알고 자기가 좋아하는 일에 열중했다는 점이다. 자기가 좋아하는 일을 할 때는 결과에 연연하지 않고 즐겁게 일할 수 있다.

《금강경》 읽는 소리가 혜능의 영혼을 두드려 마음속에서 오랫동안 잠자던 깊은 생각과 기대를 일깨웠던 것이다. 그 순간 그는 자신이 진정으로 하고 싶은 것이 무엇인지 깨달았고 망설임 없이 속세의 모든 것을 버리고 다른 삶을 찾아 떠날 수 있었다.

자기가 진정으로 원하는 것과
할 수 있는 일이 무엇인지 잘 알고
좋아하는 일에 열중하면
불안하지 않고 즐겁게 일할 수 있다.

마음속 소리에 귀 기울이라

평생 허공에 붕 뜬 것처럼 사는 사람들이 있다. 그들은 끊임없이 무언가를 추구한다. 가끔은 작은 것을 깨닫기도 하지만 차분하게 마음을 가다듬고 일 한 가지에 전념하지 못한다.

어수선한 마음을 차분히 가다듬을 수 없다면 내일까지 기다릴 필요도 없다. 심지어 바로 1초 뒤를 기다릴 필요도 없다.

지금 당장 밖으로 나가 숲속 오솔길을 따라 걸으며 달빛과 밤의 고요함을 누려도 좋다. 방 안에서 책상 위 먼지를 닦고 가만히 앉아서 그동안 쓰고 싶었지만 잡다한 일에 밀려 쓰지 못했던 편지를 써도 좋다. 듣고 싶은 음악을 들어도 좋다. 아니면 바닥에 누워서 아무것도 하지 않아도 된다.

뭐든지 할 수 있고, 뭐든지 하지 않을 수 있다. 다만 무엇을 하든, 아니면 무엇을 하지 않든 자기 자신을 잃어서는 안 된다.

많은 사람이 자신이 원치 않는 생활이 무엇인지 알고 어떻게 살아야 하는지도 알지만 하기 싫은 일에 파묻혀 살고 있다. 심지어 한 철학자는 "사람들이 중요한 일은 내버려 둔 채 중요하지 않은 일을 위해 노력한다."라고 말하기도 했다.

하기 싫은 일을 할 수밖에 없을 때 사람들은 이것만 서둘러 끝낸 뒤 하고 싶은 일을 하겠다고 생각하지만 그 일을 끝내고 나면 또 다른 일이 찾아온다. 그렇게 계속 반복되다 보면 문득 깨닫게 될 때가 있다. 기다리지 말고 지금 당장 산더미처럼 쌓인 일을 그만두고 자신이 좋아하는 일을 해야 한다고 말이다.

혜능이 대범사에서 설법할 때 그는 이미 깨달음이 깊은 고승이었지만 자신이 나무꾼이었다는 사실을 감추거나 부끄러워하지 않았다. 나무를 베어다 팔아 생계를 유지하면서도 그 일에 불만을 품거나 자기 처지를 원망하지 않고 자기 일에 충실했기 때문이다.

그러다 어느 날 불경 소리를 듣고 나무꾼의 삶 외에 또 다른 삶이 있으며 그것이 자신이 진정으로 원하는 삶이라는 사실을 깨닫자 망설임 없이 모든 것을 버리고 떠나 수행자가 되었다.

나무꾼일 때는 열심히 나무를 베었지만 자신이 좋아하는 것을 찾은 뒤에는 조금도 망설이지 않고 곧장 그 일을 찾아 떠났다. 사람들이 불안해하는 이유 중 하나가 좋아하는 일은 있지만 과감하게 그 일을 선택하지 못하는 것이다.

하고 싶은 일은 따로 있는데 하기 싫은 일을 한다면 즐거울 수도 없고, 마음이 다른 곳에 가 있으므로 현재 하는 일에 집중할 수도 없다. 더 나아가 그 일을 하고 있는 자기 자신을 좋아할 수도 없다.

우리 주변에서 이런 경우를 흔히 볼 수 있다. 대학을 졸업하고 사회가 인정하는 좋은 직장에 취직했지만 시간이 지날수록 점점 힘들고 사는 게 재미없다.

왜 그럴까? 직업을 선택할 때 자기가 좋아하는 일이 무엇인지는 생각하지 않고 남들이 좋다고 하는 직업을 선택했기 때문이다. 남들이 좋다고 말하는 직업을 선택했지만 막상 해 보니 자기가 원하는 생활이 아니라는 것을 알게 되었다.

하지만 정작 직업을 바꿀 기회가 와도 이런저런 이유 때문에 하고 있는 일을 그만두지 못한다. 그렇게 어영부영 시간을 흘려보내면 결국에는 평생 좋아하지도 않는 일을 하면서 우울하게 살게 되어 결국 불안해진다. 이런 삶은 도망칠 수 없는 울타리 안에 갇힌 것과 같다.

사실 세상에는 울타리가 없다. 모든 울타리는 자기 자신이

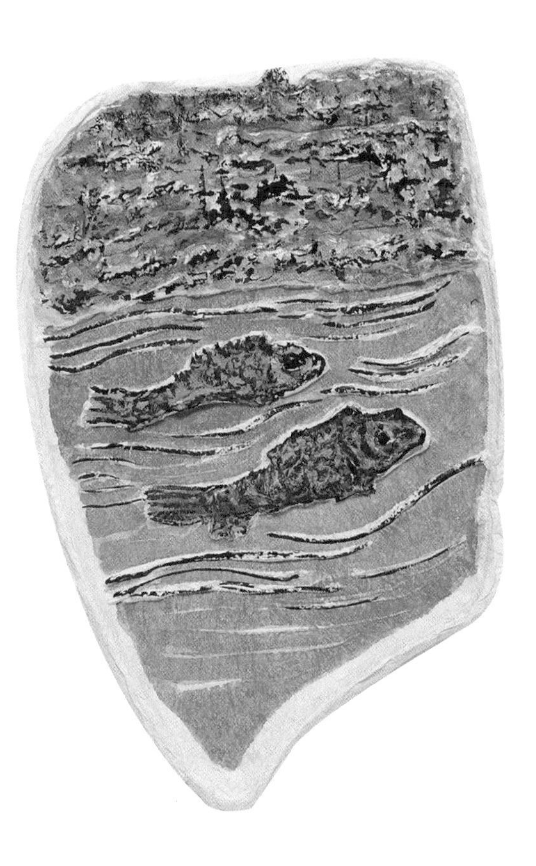

만드는 것이다. 혜능이 우리처럼 우선 현실적으로 생각했다면 불법을 구하러 떠나고 싶다는 생각이 들었을 때 떠날 수 없는 이유를 수만 가지 떠올리며 단념했을 것이다.

하지만 혜능은 자기 마음속에서 부르는 소리에 귀를 기울였고 그 부름을 따라 떠났다. 처음 떠나기는 어렵지만 일단 떠난 뒤에는 길이 점점 넓어진다. 자기가 진정으로 원하는 길을 가기 때문이다. 반대로 사회에서 정해 준 방향을 따라가면 처음에는 순조로운 것 같지만 자기 길이 아닌 남의 길이기 때문에 갈수록 길이 점점 좁아진다.

나를 좋아하는 사람이 있는 곳, 내가 좋아하는 사람이 있는 곳으로 가고, 내가 좋아하는 일을 하고 또 내가 좋아하는 길을 걷자. 꽃이 피면 언젠가는 시들듯이 사람도 결국에는 죽는다. 지금 이 순간이 얼마나 아름다운가?

바로 이 순간 무슨 일을 하든 그것에 충실하라. 그러다가 진정으로 좋아하는 것을 찾았다면 주저하지 말고 계산하지도 말고 당장 그 일을 하라. 이것이 바로 혜능이 삶을 대하는 태도였으며 이렇게 살 때 비로소 불안감과 멀어질 수 있다.

나를, 그리고 내가 좋아하는 사람이 있는 곳으로 가고

내가 좋아하는 일을 하고 길을 걷자.

자기 자신을 잃지만 않는다면

뭐든지 할 수 있고 뭐든지 하지 않을 수 있다.

자연스럽고 평범한 것이 중요하다

집을 떠난 혜능이 산 넘고 물 건너 한 달이 더 지나서야 황매에 도착했다. 황매는 당시 선학의 중심이었고 그곳 홍인대사에게는 이미 1천 명이나 되는 제자가 있었다.

홍인대사가 남쪽에서 온 나무꾼 혜능을 보고 물었다.

"자네는 어디서 왔는가? 무엇을 배우려고 여기까지 왔는가?"

혜능이 대답했다.

"저는 신주 사람이온데 부처가 되기 위해 멀리서 대사님을 찾아왔습니다."

홍인대사가 무시하는 투로 말했다.

"신주에서 왔다면 미개한 오랑캐인데 어찌 부처가 될 수 있느냐?"

"사람에게는 남북 구분이 있겠지만 불성에 어찌 남북 구분이 있겠습니까? 오랑캐와 대사님이 생김새는 다르지만 마음속 불성은 무엇이 다르겠습니까?"

홍인대사는 혜능의 말에 감탄했지만 내색하지 않고 그에게 방아 찧는 일을 시켰다.

물론 홍인대사는 불성에 남북 구분이 없다는 것을 알고 있었다. 혜능에게 방아 찧는 일을 시킨 것은 그에게 혜안이 있는지 시험해 보기 위한 것이었다. 홍인대사가 혜능에게 감탄한 이유는 혜능의 대답이 홍인대사의 생각과 완벽하게 일치해서가 아니었다. 그보다는 명망 높은 대사 앞에서 자기 생각을 그대로 표현할 수 있는 혜능의 솔직한 태도 때문이었다.

솔직함은 가장 아름다운 처세술이다. 우리가 온전히 자기 자신으로 산다면 남들에게 보이기 위해 자신을 꾸밀 필요가 있을까?

어딜 가나 사람들이 우러러보고 순종하는 것에 익숙한 홍인대사에게 혜능의 솔직한 반박은 신선한 충격이었을 것이다. 높은 곳에 있는 사람들은 원래 자기 마음을 온전히 이해하는 사람이 없기 때문에 외로울 수밖에 없다. 그런데 멀리서 찾아온 나무꾼이 불성론을 대하는 명철한 견해를 밝히자 대화가 통하는 사람을 만난 것 같았다.

하지만 이치를 속으로 감추고 평범하게 행동하는 선의 성향대로 홍인대사는 혜능을 특별하게 대하지 않고 허드렛일을 시켰다.

불성은 가장 평범한 일상 속에 있고 모든 중생 속에 있다. 지금은 이런 관념이 상식처럼 널리 퍼져 있지만 대부분 입으로만 이해한다고 말할 뿐 가슴 깊숙한 곳에서 진정으로 깨달은 사람은 많지 않고, 깨달은 뒤에 직접 실천한 사람은 더욱 얼마 되지 않는다.

우리가 일상 속에서 혼란스럽거나 고민에 빠지는 이유는 거의 대부분 여러 선입견에 얽매여 있으면서 그것을 자각하지 못하기 때문이다. 남쪽과 북쪽, 성공과 실패, 가난과 부 같은 것들을 구분하고 그 차이를 절대적이라고 여긴다. 심지어 이런 선입견이 당연한 상식이 되어 생명의 자연스러운 성장을 가로막고 생명 본연의 자유와 희열을 억압한다.

차이는 허상이다. 세상 모든 것에는 동일성과 보편성이 있다. 그 보편성을 깨닫지 못하고 차이만을 바라볼 때 우리는 불안과 혼란에 휩싸여 번뇌한다. 그 차이를 받아들인 뒤 보편성을 발견해야만 비로소 번뇌에서 벗어나 안정을 얻을 수 있다.

하늘에 떠 있는 구름은 수많은 색깔과 형태가 있다. 우리는 그 구름을 보고 하늘의 형태와 색깔이 여러 가지라고 착각하지만 구름을 걷어 내고 그 위를 보면 형태도 색깔도 없는 우주가 있다.

우주에는 상하 구분도 없고 동서남북 구분도 없으며 크기 구분도 없다. 우주는 시작도 끝도 없이 광활하다. 성인들이 발로 땅을 딛고 있어도 머리 위 하늘을 잊지 말라고 가르치는 것도 바로 이 때문이다.

불안과 혼란에 휩싸여 번뇌한다면
세상 모든 것에는
차이가 있음을 받아들인 뒤
거기서 보편성을 발견하라.

본모습으로 되돌아가라

혜능이 대범사에서 설법한다는 소식에 많은 사람이 모여들었다. 아침이었는지 저녁이었는지, 날이 맑았는지 비가 왔는지는 《육조단경》에 기록되어 있지 않다. 그저 "승려와 속인 1만여 명, 소주자사 위거와 관리 30여 명, 유생 10여 명이 모였다."라고만 기록되어 있는데 아마도 대략적 숫자일 것이다.

혜능이 그들 앞에서 설법을 시작했다.

"선지식아, 모두 마음을 깨끗이 하여 반야바라밀을 생각하라."

자기 마음을 깨끗이 하고 우리를 최종적 해탈로 이끄는 위대한 법문을 생각하라는 뜻이다.

혜능은 이 말만 던져 놓고 한참 동안 침묵하다가 자신이 불법을 구하기 위해 걸어온 길을 이야기하기 시작했다.

혜능의 첫마디는 그 자리에 있는 사람들에게 자기 본래의 영혼으로 돌아갈 것을 호소하는, 단호한 부름이었다. 우선 자기 본마음으로 돌아간 뒤에 불경을 외어야 하는 것이지 불경을 외운다고 해서 저절로 자기 영혼으로 돌아갈 수 있는 것이 아니다.

혜능은 그 자리에 조용히 앉아 있었다. 그 어떤 외부의 힘도 빌리지 않은 채 그 자리에 앉아 마음을 차분히 가라앉혔다. 혜능의 자세는 우리 마음을 깨끗하게 하는 것은 자기 자신이지 외부의 그 무엇이 아니라는 메시지를 분명하게 전달했다.

바로 지금, 아무 망설임도 조건도 없이, 외부 힘을 빌리지 않고 자기 영혼으로 돌아가라. 이것이 바로 혜능이 가장 먼저 강조한 것이자《육조단경》의 핵심이다. 혜능의 모든 가르침은 바로 이 한마디를 중심으로 하고 있으며, 이것은 혜능이 창시한 남종 선법의 전제이기도 하다. 최종적으로 도달하고자 하는 것이 무엇이든 지금 바로 아무 조건 없이 마음을 깨끗하게 하고 차분히 가라앉혀 자기 본성으로 돌아가야 한다.

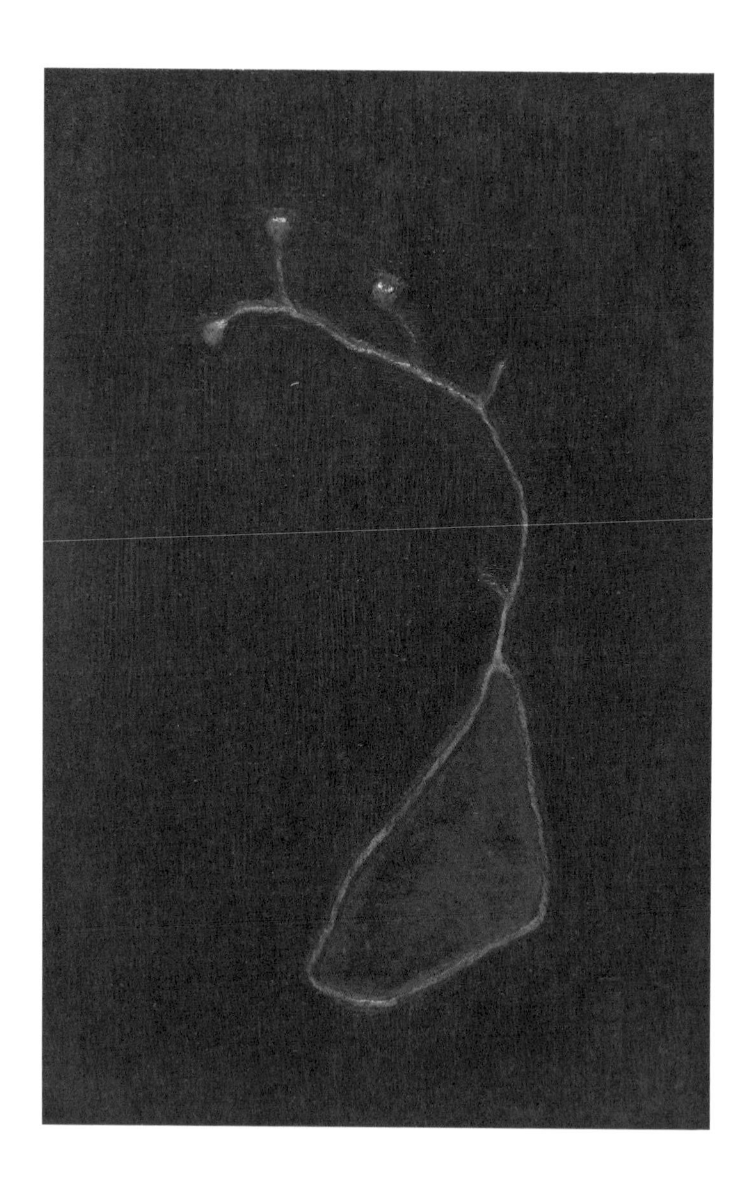

수많은 사람이 각자 다양한 번뇌를 안은 채 혜능의 설법을 듣기 위해 대범사를 찾아왔다. 그들은 혜능이 번뇌에서 벗어나는 출구를 알려 줄 것이라고 믿었다.

1천여 년 전 중국 남부의 작은 절에서 혜능이 마음을 깨끗이 하라고 말했을 때 그의 말이 얼마나 묵직하고 단호하게 들렸을지 상상해 보라. 그 말 한마디가 듣는 이들을 어수선한 일상에서 자기 본모습을 찾는 길 위로 데려다 놓았다. 혜능이 그들에게 가르쳐 준 해탈의 길은 바로 마음을 깨끗이 하고 궁극의 깨달음을 얻는 것이었다.

당신이 누구든, 지금 무엇을 하고 있든, 밖에서 무슨 일이 일어나고 있든, 망설이지 말고 지금 당장 자기 마음으로 돌아가 마음을 깨끗이 해야 한다. 자기 마음이 깨끗해지면 이 세상도 차분해져 불안하지 않을 것이다.

바로 지금, 아무 조건 없이

마음을 깨끗이 하고

차분히 가라앉혀

자기 본성으로 돌아가라.

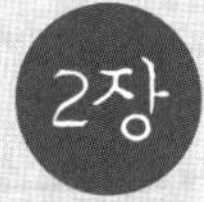

아무 일도 없는 것이 좋다

_불안하지 않게 사는 법

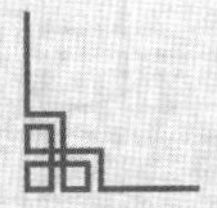

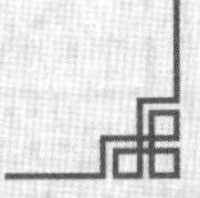

원하는 모든 것을 가질 수는 없으며 원하는 것을 갖지 못하면 고통이 따른다. 원하는 것을 손에 넣는다고 해도 영원한 행복을 누릴 수 있는 것은 아니다. 무엇이든 가질 때가 있으면 잃을 때도 있기 때문이다. 사람이 태어나면 언젠가는 반드시 죽는 것처럼 무언가를 얻으면 언젠가는 반드시 잃을 수밖에 없다. 욕망을 충족시키기 위해 수없이 노력하지만 사람은 결국 죽는다.

불안함은 스스로 치유된다

어째서 자기 마음으로 돌아가야 할까?

혜능이 알려 준 근본 이유는 '보리 반야의 지혜는 세상 사람들이 본디부터 가지고 있다'는 것이다. 다시 말해, 우리가 얻고자 하는 최종적 해탈의 지혜는 본디 우리 마음속에 존재하므로 밖으로 나가서 찾을 필요가 없다.

사실 우리 자신의 마음을 제외하고 다른 그 무엇도 우리에게 해탈의 지혜를 가르쳐 줄 수 없다. 단순하게 들리겠지만 이 말속에 인생의 근본 문제를 해결하는 방법이 들었다. 인생의 근본 문제란 우리의 욕망과 죽음을 어떻게 해결하느냐 하는 것이다. 사람이란 욕망하는 존재이기 때문에 태어나면서부터 무언가를 갖고 싶어 한다.

그러나 원하는 모든 것을 가질 수는 없으며 원하는 것을 갖지 못하면 고통이 따른다. 또 원하는 것을 손에 넣는다고 해도 영원한 행복을 누릴 수 있는 것은 아니다. 무엇이든 가질 때가 있으면 잃을 때도 있기 때문이다.

사람이 태어나면 언젠가는 반드시 죽는 것처럼 무언가를 얻으면 언젠가는 반드시 잃을 수밖에 없다. 욕망을 충족시키기 위해 수없이 노력하지만 사람은 결국 죽는다는 사실이 우리에게 번뇌와 고통을 안겨 주고 우리를 불안하게 만든다.

혜능의 설법을 듣기 위해 대범사에 찾아온 이들은 명예, 부, 아름다운 외모가 우리에게 영원한 행복을 가져다주지 못한다는 사실을 깨달은 이들이었다. 그들은 우리 욕망이 모두 우리 몸에서 출발하지만 우리가 죽고 몸이 썩어 없어지면 몸에 속했던 것들도 영원할 수 없다는 것을 알았다. 그래서 자기 몸이 아니라 마음으로 욕망과 죽음을 바라보고 영원하지 않은 몸을 통해 깨끗하고 조용한 경지에 다다르고자 했다.

그들은 육신을 초월해야 안정감을 얻을 수 있다는 것은 알고 있지만 그 초월 방법을 모르고 있었다. 불안한 세상의 신기루를 어떻게 바라보아야 하고, 또 어떻게 하면 그 신기루를 걷어내고 고통과 희열이 반복되고 생사가 돌고 도는 처지에서 완

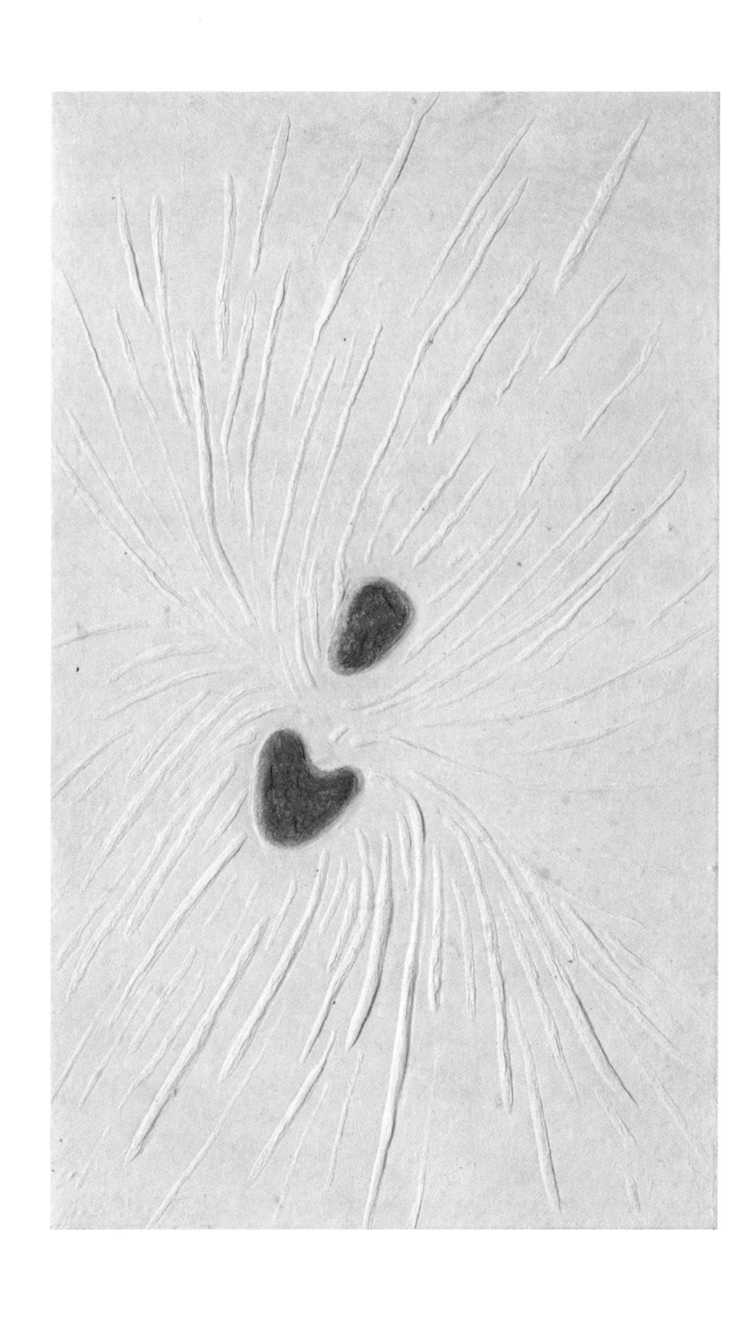

전히 벗어날 수 있는지 그 해답을 얻을 수 있을 것이라는 기대로 혜능을 찾아온 것이었다.

그런데 그런 기대를 안고 있는 이들에게 혜능은 그들 마음속에 이미 해탈의 지혜가 있기 때문에 멀리서 자신을 찾아올 필요가 없었다고 말했다. 고해를 벗어나 깨달음을 얻고 부처가 되고 싶다면 누구의 가르침도 필요 없이 자기 스스로 할 수 있다는 뜻이다.

혜능은 그들과 함께 사홍서원(四弘誓願), 즉 부처님을 향한 자기 마음속 서약 네 가지를 읊었다.

첫째, 중생을 다 건지오리다.
둘째, 번뇌를 다 끊으오리다.
셋째, 법문을 다 배우오리다.
넷째, 불도를 다 이루오리다.

혜능은 여기서 중생을 구하는 방법은 자신의 이치가 아니라 중생 자신이 본래 가지고 있는 이치이며, 번뇌를 끊는 것도 다른 무엇이 아니라 자기 마음속에서 헛된 잡념을 없애는 것으로 이룰 수 있다고 강조했다.

《육조단경》 판본은 수없이 많지만 '자기 마음으로 돌아가라'

는 가르침만은 모두 같다.

원하는 모든 것을 가질 수 없어 고통스럽다면
태어나면 반드시 죽는 것처럼
무언가를 얻으면
언젠가는 반드시 잃는다는 사실을 명심하라.

불안감을 말로 털어놓으라

가끔씩 하고 싶은 말을 하지 못하고 그것이 가슴속에 응어리를 만들어 불안해질 때가 있다. 불만이 있어도 털어놓지 못하고, 자기 의견이 있어도 말하지 못하고, 기쁘든 화나든 말하지 못한다. 솔직히 말하면 상대에게 미움을 살까 봐 두렵거나, 말해 봤자 소용없다고 생각하기 때문이다.

그런데 말하지 않는다고 해서 가슴속에 있는 감정이 사라지는 것은 아니다. 그렇게 하루 이틀 가슴속에 쌓아 두다 보면 스트레스가 점점 심해지다가 결국에는 삶 전체가 무겁게 느껴진다. 하지만 삶이란 늙은 소가 달구지를 끄는 것도 아니고 짐을 지고 길을 걷는 것도 아니다. 삶이란 활짝 핀 꽃 같고, 흐르는 물 같고, 하늘을 떠가는 구름 같은 것이다.

하고 싶은 말이 있다면 겉으로 말하라. 말한다고 해서 꼭 소리 내어 표현하는 것만이 아니다. 말하면 답답한 마음에 숨통이 트이고 마음속에 안고 있던 것을 내려놓게 된다. 속에 있던 것을 밖으로 털어 내면 곧 바람에 실려 날아가 아무것도 남지 않는다.

혜능을 보라. 만인이 우러러보는 홍인선사 앞에서 그의 말에 반박하고 자기 생각을 당당하게 밝혔다. 이렇게 할 수 있는 사람은 많지 않다. 대부분은 권위에 눌려, 또는 이해관계 때문에 하고 싶은 말을 하지 못하고 가슴속에 숨긴다.

하지만 말하지 않는다고 해서 상대 의견에 동의한다는 뜻은 아니다. 작은 이견이라도 마음에 남아 있으면 처음에는 티끌만큼 작았던 이견이 시간이 흐를수록 안개처럼 뭉게뭉게 피어나 자신을 에워싼다.

혜능이 신수의 게송을 듣고 깨달음이 얕다고 생각하고 곧장 게송을 지을 수 있었던 것은 그의 마음속에 이런 안개가 없었기 때문이다. 평범한 우리들은 후계자 자리를 빼앗으려는 것으로 보일까 하는 걱정에 그렇게 하지 못할 것이다.

하지만 그런 생각을 마음속에 품고 있으면 결국에는 걱정이 자신을 에워싸는 안개가 된다. 마음속이 이런 안개로 가득 차

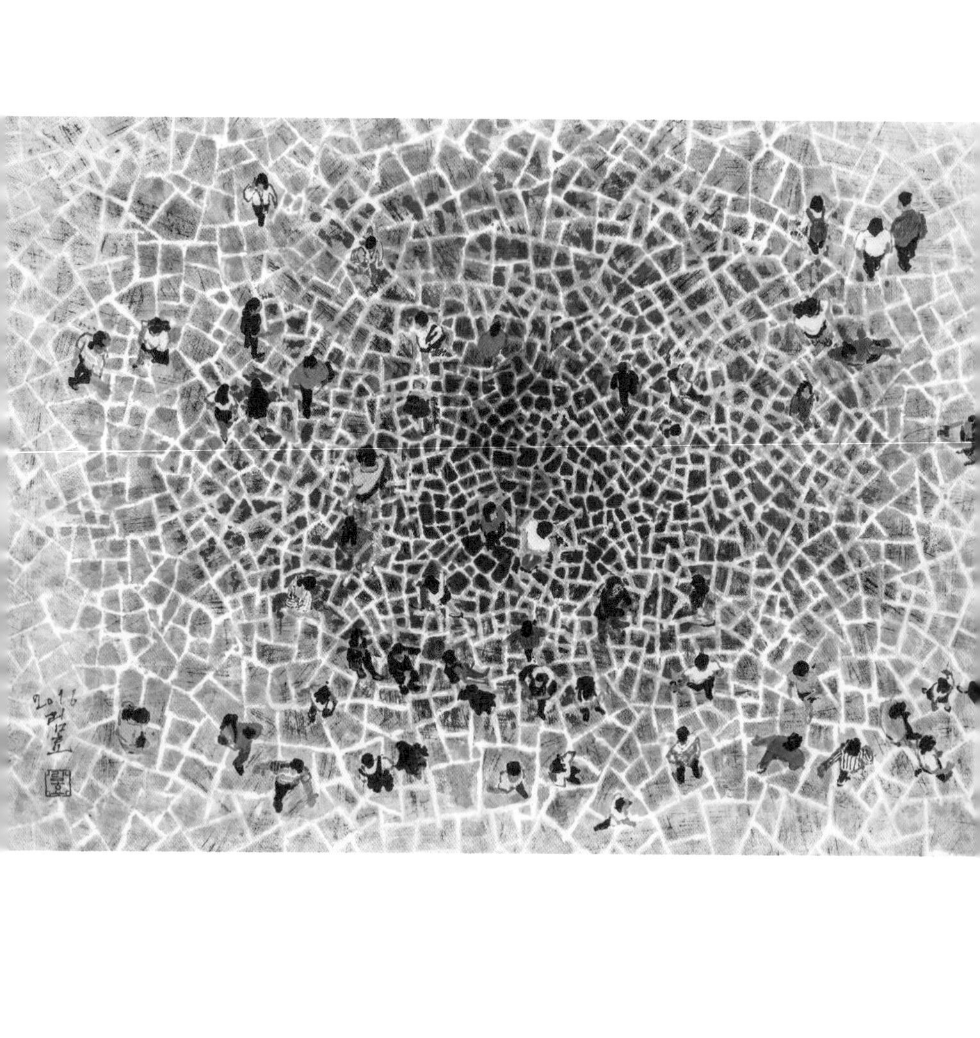

있는데 어떻게 자기 삶에 충실할 수 있을까?

동의하지 않는다면 최대한 자기 의견을 말하라. 하기 싫으면 하기 싫다고 말하라. 슬프면 슬프다고 말하고, 싫으면 싫다고 말하라. 상대와 생각이 다르다면 자기 생각을 말하라. 말하고 나면 가슴속에 있던 감정들이 밖으로 발산되어 사라진다.

이러쿵저러쿵 험담하거나 툴툴대며 불평하라는 얘기가 아니라 자기감정을 평화로운 방법으로 털어놓으라는 뜻이다. 말했다가 시비가 일어난다면 그건 정확한 설명 없이 불평만 했기 때문이다. 자기 생각을 자연스럽게 이야기하고 감정을 물 흐르듯 발산하면 감정이 정체되어 불안감이나 우울함으로 변하는 것을 막을 수 있다.

어떻게 하면 마음속 걱정을
사라지게 할 수 있을까?
하고 싶은 말이 있다면 겉으로 말하라.
하기 싫으면 하기 싫다고, 슬프면 슬프다고 말하라.

사소함 속에서 의미를 발견하라

에어컨도 없고 선풍기도 많이 보급되지 않았던 오래전 여름날, 해가 서쪽으로 뉘엿뉘엿 떨어질 때마다 누군가 나와서 집 앞길과 뜰을 빗자루로 쓸고 그 위에 물을 뿌렸다. 그러면 그날 하루의 더위와 먼지가 태양과 함께 사라지는 것 같았다.

잠시 후 사람들이 테이블과 의자를 문 앞에 옮겨다 놓고 말끔히 청소된 길 위에서 밥을 먹고 선선한 바람을 쐬었다. 그래서 무더운 여름에도 누군가가 청소하고 물을 뿌리기 시작하면 사람들 기분이 좋아졌다. 곧 대낮 열기가 가시고 선선해질 것이기 때문이다.

나중에 에어컨, 선풍기, 진공청소기가 보급되면서 그런 풍경을 보기가 힘들어졌다. 그런데 지금도 절에 가면 승려들이 새벽이든 낮이든 노을 무렵이든 빗자루로 바닥을 쓸고 물을 뿌리는 것을 볼 수가 있다. 그런 모습을 볼 때마다 마음이 깨끗하고 차분해진다.

예전에는 새벽마다 길을 쓸고 물을 뿌리는 소리를 들을 수 있었다. 지금도 청소부들이 거리를 청소하기는 하지만 서둘러 빗자루를 휘두르고 지나가는 바람에 거리에는 먼지가 자욱하게 날린다. 게다가 살수차가 왱왱거리며 물을 뿌리고 지나가면 행인들은 물이 튈까 봐 이리저리 숨기에 바쁘다. 그런 광경에 옛날 기억이 떠오른다.

아침에 문을 나설 때마다 어젯밤 집에 들어올 때 지저분했던 길이 깨끗하게 청소되어 있었다. 사람들이 자고 있을 때 청소부가 깨끗하게 청소해 놓은 것이다. 청소부 덕분에 사람들이 매일 새로운 기분으로 하루를 시작할 수 있었다.

바닥을 쓸고 물을 뿌리는 사람들을 본 적이 있는가? 해 질 녘이든 동틀 무렵이든, 농촌에서든 도시에서든, 절에서든 속세에서든, 바닥을 쓸고 물을 뿌리는 모습은 보는 이의 마음을 저절로 차분하게 만든다.

매일 집에 돌아와 자기 집 마당을 쓸어 보았는가? 마당이 없다면 먼지떨이로 책상, 책장, 창틀의 먼지를 떨어내 보았는가?

공원이나 길에서 땅에 떨어진 휴지를 주워 휴지통에 넣어 본 적이 있는가?

사실 우리가 흔히 지나칠 수 있는 사소한 일이다. 매일 인생 목표를 위해 매진하느라 이런 사소한 일에 시간을 할애하는 것이 아깝다고 생각할 수도 있다. 하지만 어느 날 마음을 차분히 가라앉히고 바닥을 쓸고 물을 뿌리면 이런 일상의 사소한 일 속에 미묘한 의미가 숨어 있음을 발견하게 될 것이다. 도서관에 파묻혀 살던 학자가 가끔 주방에서 채소를 씻고 음식을 만들면 그 속에서 아름다움을 느낄 수 있다.

석가모니가 기원정사에 있을 때 바닥이 지저분한 것을 보고 빗자루를 들고 바닥을 쓸었다. 비질을 끝낸 후 석가모니가 제자들에게 말했다.

"비질하면 이익이 다섯 가지 있다. 첫째, 자기 마음이 깨끗해지고, 둘째, 타인의 마음을 깨끗하게 하고, 셋째, 모든 하늘의 신들이 기뻐하며, 넷째, 단정한 습관을 기르게 되고, 다섯째, 죽은 뒤에 하늘에서 태어난다."

모든 사람이 죽어서 하늘에 가길 바라는 건 아닐 수도 있지만, 깨끗한 세상에서 살고 싶어 하는 것은 누구나 똑같을 것이다. 그러므로 인생의 매 순간을 살아가며 바닥을 쓸고 물을 뿌리는 것을 잊지 말아야 한다.

바닥을 쓸고 물을 뿌리는 사소해 보이는 일들 속에 아름다움의 씨앗이 숨어 있다. 이것이 인생의 커다란 즐거움이다.

인생의 즐거움을 맛보고 싶다면 실천해 보라.
매일 집에 돌아와 먼지떨이로 먼지를 떨어내 보라.
땅에 떨어진 휴지를 주워 휴지통에 넣어 보라.
일상의 사소한 일 속에 미묘한 의미가 숨어 있다.

아무것도 하기 싫을 때

이따금 불안하고 우울하고 아무것도 하기 싫을 때가 있다. 가끔씩 초조하고 앞날이 암담하게 느껴질 때도 있다. 친구에게 말하기도 싫고 일하기도 싫고 산책하기도 싫다……. 모든 일이 무의미하게 느껴진다.

어떻게 해야 할까? 보통은 영화 관람, 쇼핑, 운동 등으로 기분 전환한다. 불안하고 우울할 때 재미있는 일들을 하면 일시적으로 불안감이 해소된다. 하지만 잠깐 신경을 다른 데로 돌려 일시적으로 마음을 가볍게 하는 것일 뿐 불안감이 근본적으로 해결되는 것은 아니다.

그런데 사실 세상에 의미 있는 일은 없다. 무슨 일이든 다 사라진다. 그래도 살아 있다면 어쨌든 무슨 일이든 해야 한다. 마음을 차분히 가라앉히고 집중할 수 있는 일, 우리를 성장시킬 수 있는 일을 찾아서 열심히 해야 한다.

작지만 인생을 바꿀 수 있는 일들을 해 보자. 바로 수행이다. 수행이라고 하면 대부분 심오하고 복잡한 것으로 여기겠지만 사실 불교의 수행은 아주 쉽고 간단하며 일상생활에서 충분히 할 수 있는 것들이다. 그러나 이 작은 행동에 인생을 본질적으로 변화시키는 힘이 있다. 수행의 핵심은 진심에서 우러나서 지금 당장 해야 한다는 데 있고, 삶의 의의는 의미 있는 일을 하는 데 있다.

자신을 바꿀 수 있는 가장 쉬운 방법은 앉아서 천천히 불경을 읽거나 베껴 쓰는 것이다. 《금강경》도 좋고 《법화경》도 좋다. 천천히 읽거나 한 자 한 자 베껴 쓰면 된다. 경문의 의미를 이해할 수 없어도 상관없다. 차분히 읽거나 쓰기만 하면 된다. 수많은 세월을 전해 내려온 경문 속에 담긴 이야기와 가르침이 자기도 모르는 사이에 내 마음에 깃들 것이다.

티베트 승려 종사르 켄체 린포체는 "나는 매일 《금강경》의 게송을 몇 개라도 꼭 읽는다. 이것은 우리가 어떻게 읽어야 하는지, 어떻게 보아야 하는지 모르는 주문을 외우는 것보다 훨씬 가치 있는 일이다. 가능하다면 이 불경을 직접 베껴 써서 다른 사람에게 선물한다면 매우 유익한 일이 될 것이다."라고 말했다.

아주 짧은 시간이라도 좋다. 날마다 불경을 읽고 베껴 써 보자. 여러 가지 불경을 읽을 필요도 없다. 《금강경》을 좋아한다면 《금강경》만 읽고 쓰고, 《법화경》을 좋아한다면 《법화경》만 읽고 써도 된다. 많이 읽거나 길게 쓰지 않아도 된다. 설령 한 문장이라도 상관없다. 정토종 설법을 좋아한다면 수시로 아미타불을 입으로 외우기만 해도 된다.

남을 험담하지 않는 것도 아주 작은 일이지만 지켜야 한다는 것을 알면서도 많은 사람이 지키지 못한다.

지금부터 남을 험담하지 않는 것을 실천해 보자. 아주 작은 일이지만 계속 실천하면 인간관계가 완전히 바뀔 것이다. 또 환경이 오염되었다고 원망하고 남들이 휴지를 함부로 버린다고 나무라지만 말고 바로 지금 이 순간부터 길에 휴지가 떨어져 있는 것을 보면 직접 주워서 휴지통에 넣자.

예전에 홍일대사는 언제 어디서든 앉을 때 개미 같은 작은 생물이 있지 않은지 살펴본 후에 앉았다고 한다. 모르는 사이에라도 살생하지 않기 위한 행동이었다. 그 작은 행동 속에 커다란 자비심이 깃들어 있었다.

산다는 것은 허울뿐인 말 위에 사는 것도 아니고, 허무한 이론 위에서 사는 것도 아니다. 우리는 바로 지금 생생한 이 순간을 살고 있고, 지금 우리가 하는 행동 속에서 살고 있다. 그러므로 더 나은 삶을 살고 싶다면 작은 말과 행동에서 시작해야 한다.

이러한 작은 일들을 꾸준히 하다 보면 상상하지 못했던 변화를 경험하게 될 것이다. 이것이 바로 수행의 의의다. 일상을 자신이 더 좋은 사람이 되기 위한 수행이라고 생각한다면 불안하든 우울하든, 살면서 부딪히는 수많은 문제가 수행 과정에서 천천히 해결될 것이다.

불안하고 즐겁지 않아 앞날이 암담하게 느껴진다면
작지만 인생을 바꿀 수 있는 일을 해 보라.
더 나은 삶을 살고 싶다면
작은 말과 행동으로 시작해 보라.

3장

숨 쉬는 사이에도 행복은 찾아온다

_일상 속 행복을 발견하는 비결

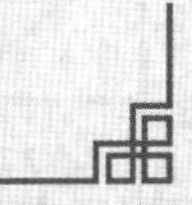

행복한 사람은 풍경 바라보듯 인생을 대하고, 우울한 사람은 마라톤 경주하듯 인생을 살아간다. 살면서 닥치는 모든 것을 풍경으로 생각하면 무슨 일이든 꽃이 피었다가 시들고, 해가 떴다가 저물고, 바람이 불고 버들가지가 흔들리고 기러기가 멀리 날아가는 것처럼 자연스럽게 받아들일 수 있다. 아름다운 풍경을 감상하는 마음으로 이 세상을 바라보자.

자기 자신으로 돌아간다

자기 마음으로 돌아가야 하는 이유는 무엇일까?

자기 자신에게 속한 것이 마음뿐이기 때문이다. 우리가 죽으면 일생 동안 지키고 있던 육신은 부패하고, 일생 동안 얻고자 아등바등했던 재물은 우리를 따라 함께 사라지지 않는다. 가족과 친구들은 슬퍼하겠지만 금세 우리를 잊을 것이다. 사람이 죽어 어딘지 모르는 먼 곳으로 떠날 때 그를 따라 함께 떠나는 것은 무엇일까?

바로 우리 마음뿐이다. 그런데도 많은 사람이 사는 동안 자기 몸과 재물에만 집착하고 모든 정력을 다 쏟아붓고 있다. 현재도 미래도 영원히 자기 자신에게 속한 것은 오직 마음뿐이라는 사실은 까맣게 잊고 있다.

주변을 둘러보자. 젊든 늙었든, 수많은 사람이 생쥐처럼 빽빽하게 솟은 빌딩 사이를 쉬지 않고 돌아다니며, 공문, 숫자, 계약, 수표, 신분증으로 이루어진 미로 속에서 열심히 경주하고 있다. 그들 앞에 있는 것은 영원히 출구가 없는 길뿐이다.

인생은 너무 길기도 하고 또 너무 짧기도 한 여행이며 그 속의 게임 법칙이 쉬지 않고 바뀐다. 우리는 이 여정 내내 돈과 명예를 좇아 분주하게 살고 돈, 승진, 헛된 명예 때문에 울고 웃고 초조해한다.

옛날 먼바다 위에 작고 아름다운 섬이 있었다. 그 섬에는 책 한 권이 있었는데 누구든 그걸 손에 넣으면 영생을 얻을 수 있다는 전설이 있었다. 그 섬으로 가는 길에 수많은 위험이 도사리고 있어서 수많은 영웅이 그 책을 가지러 가다가 목숨을 잃었다. 마침내 한 영웅이 천신만고 끝에 그 섬에 도착해 책을 손에 넣는 데 성공했다.

그런데 책을 펼쳐 보니 모든 페이지가 거울로 되어 있었다. 어떤 페이지를 펼치든 자기 얼굴이 비추어 보였다. 숱한 역경 끝에 얻은 진리가 바로 자기 자신에게 돌아가라는 단순한 가르침이었던 것이다.

물론 자기 자신의 외모로 돌아가라는 뜻이 아니다. 외모는 꽃이 피었다가 지듯이 세월이 가면서 시들기 마련이다. 영원히 시들지 않는 것은 우리 영혼의 꽃밖에는 없다. 자기 자신에게로 돌아가라는 것은 우리 영혼으로 돌아가라는 뜻이다.

복잡한 세상에서 사는 우리는 많은 것을 추구하며 살지만 우리 자신을 잊어버리고, 우리 행복의 원천과 우리가 도달하려는 최종 목표를 망각하고 있다. 이 복잡한 세상에서 우리가 의지할 수 있는 것은 무엇일까? 형태가 있는 모든 것은 사라진다. 언제나 온전히 자신의 것이면서 유형과 무형을 초월하는 것은 오로지 자기 마음뿐이다.

"다른 누구도 말고 오직 자기 자신을 등불로 삼으라."는 석가모니의 유언도 자기 마음으로 돌아가라는 가르침과 일맥상통한다.

어째서 자기 마음으로 돌아가야 할까?
현재도 미래도 영원하고 온전히
자기 자신에게 속한 것은
오직 마음뿐이기 때문이다.

쉽게 지나쳐 버리는 것을 찾으라

우리는 해탈의 지혜가 이미 자기 마음속에 있다는 것을 모른 채 외부에서 찾기 위해 열심히 뛰어다닌다. 그러면서 끊임없이 잃고 좌절하며 자기 마음속에 이미 지혜가 있음으로써 누릴 수 있는 희열을 놓쳐 버린다.

우리 곁에 항상 있는 풍경은 눈만 돌리면 볼 수 있지만 그걸 발견하지 못한 채 멀리 있는 것만을 찾는다. 많은 돈과 시간을 들여 유명 관광지를 찾아가 수많은 관광객 사이로 인공 장식품을 기웃거린 후에 지친 몸으로 집에 돌아온다.

그런데 집으로 들어가다가 무심코 시선을 돌려 집 앞 작은 골목에 서 있는 오래된 나무와 얼룩진 담장을 보고는 그것이야말로 다른 어느 곳에서도 볼 수 없는 아름다운 풍경이라는 걸 깨닫게 된다.

사람은 참 이상한 존재다. 평생 행복과 즐거움을 추구하면서도 바로 자기 눈앞, 자기 마음속에 있는 작은 행복은 쉽게 간과하거나 옆으로 밀어 둔 채 멀리 있는 것을 찾아 헤매니 말이다.

정토종 8대 조사 연지대사도 이런 게송을 지었다.

조주선사가 여든에도 도를 찾아 곳곳을 돌아다녔으나
마음속 번뇌가 사라지지 않았는데
돌아와 할 일 생각 없어지고 나서야
짚신에 헛돈 쓴 것을 알았다네

자기 마음은 바로 자기 몸속에 있으므로 멀리 찾아 헤맬 것 없이 곧바로 마음속으로 들어가기만 하면 된다.

하늘은 우리 머리 위에 있고 달빛은 언제나 창을 비춘다. 소식은 〈적벽부〉에서 "귀로 들으면 소리가 되고 눈으로 보면 빛을 이루니 그것을 가져도 막는 이 없고 그것을 써도 다함이 없네."라고 했다. 우리가 바로 지금 눈앞 풍경을 누리겠다는데 누가 그걸 막을 수 있을까? 그런데도 그것을 누리려는 사람이 별로 없다. 우리는 늘 바쁘다는 이유로, 또 목표를 향해 매진해야 한다는 이유로 걸음 한번 멈추고 눈 한번 들어 대자연의 본 모습을 감상하려고 하지 않는다. 우리가 눈을 들어 쳐다보기만 하면 어디에나 있는 아름다운 풍경인데도 말이다.

아우슈비츠 수용소에서 죽음을 기다리던 한 소녀가 일기에 이렇게 썼다.

"하늘은 정해진 양만큼만 배급되는 것이 아니라 행복하다."

우리가 오랫동안 곱씹어 볼 만한 말이다. 우리에게는 언제든 마음껏 올려다볼 수 있는 하늘이 있고, 그 하늘을 볼 수 있는 맑은 눈이 있으며, 곧 죽음이 닥칠 것이라는 불안감도 없다. 그런데 우리는 왜 이렇게 불안과 우울 속에서 쳇바퀴 돌 듯 똑같은 나날을 보내고 있을까?

인생에는 우리가 원하는 것을 열심히 좇다가 지나쳐 버리는 아름다운 풍경이 많다. 이 세상을 떠나는 날 뒤돌아보면 우리가 무엇을 놓치고 지나쳐 버렸는지 깨닫게 될 것이다.

해탈의 지혜는 이미 우리 마음속에 있지만 우리가 그것을 깨닫지 못해 그 지혜가 발휘되지 못하는 것이라고 혜능은 말했다. 우리는 왜 그것을 깨닫지 못할까? 자기 자신을 바깥세상으로만 내몰고 있기 때문이다. 많은 이들이 자리를 옮기거나 돈

을 많이 벌기만 하면 행복해질 거라고 착각하고 있다. 환경이 바뀌면 자기가 원하는 것을 얻을 수 있다고 잘못 믿는다.

우리는 늘 자신이 처한 환경을 원망한다. 그런데 그렇게 정신없이 분주하게 사는 것은 결국 무엇을 얻기 위함인가?

혜능은 자기 마음이 차분하다면 바깥세상도 조용해진다고 말했다.

"마음이 욕심에서 멀어지면 저절로 외진 곳에 살게 된다네."라는 도연명 시도 이와 같은 맥락이다. 자신이 좋은 사람이라면 저절로 좋은 사람을 만나게 되고, 자기 마음이 즐거우면 무슨 일을 하든 심신이 건강해진다. 또 자기 마음이 아름답다면 하늘이 자신에게 준 본모습대로 살기만 해도 아름다운 사람이 될 수 있다.

석가모니는 "깨달음을 얻은 이는 언제 어디서 어떤 상황에 처하든 마음이 차분하고 즐겁다."라고 말했다.

돈이 있어도 즐겁고 돈이 없어도 즐겁고, 애인이 있어도 즐겁고 애인이 없어도 즐거우며, 명예가 있어도 즐겁고 명예가 없어도 즐겁다. 자신의 행복을 어떤 조건에 종속시키지 않으면 그저 숨만 쉬고 있어도 즐겁고 행복할 수 있다.

인생에는 욕망만 좇다가 지나치게 되는
아름다운 풍경이 많다.
평생 행복하고 즐거우려면 멀리가 아니라
자기 눈앞, 마음속에 있는 작은 행복을 찾으라.

행복은 스스로 결정한다

《육조단경》의 첫머리에서 혜능이 홍인대사에게 불법을 배우러 갔을 때 홍인대사는 남쪽에서 올라온 이 나무꾼을 홀대했다. 그러다가 혜능이 불성은 남북 구분이 없다고 말하자 홍인대사는 그가 큰 그릇임을 알아보았지만 정작 혜능에게 맡긴 일은 방아 찧는 허드렛일이었다. 게다가 혜능은 그 일을 무척 오랫동안 해야 했다.

중요한 것은 혜능이 아무 불만도 없이 나무꾼 시절에 산에서 나무를 베던 것처럼 묵묵히, 열심히 그 일을 했다는 사실이다. 평범한 우리였다면 아마 자신에게 왜 이런 잡일을 시키느냐며 불만을 품었을 것이다.

혜능은 자기 식견과 재능을 숨김없이 보여 주었지만 남들이 자기 재능을 높이 평가하고 자신을 중요한 자리에 앉혀야 한다고 생각하지 않았다. 그는 자신에게 주어지는 일들을 평온한 마음으로 받아들였다. 나무꾼일 때 나무 베는 일하며 인생의 즐거움을 누렸다.

산에 올라가 나무를 베어 손님 집에 실어다 주는 일은 남들이 보기에 별 볼 일 없는 일이지만 작은 일을 한다고 해서 길가 경치를 구경할 수 없거나 계절 변화를 느낄 수 없는 것은 아니다. 불법을 배우기 위해 홍인대사를 찾아갔지만 홍인대사는 불법은 가르쳐 주지 않고 잡일만 시켰다. 그래도 혜능은 불평하지 않고 맡은 일에 충실하며 그 일에서 느낄 수 있는 즐거움을 찾았다.

사실 세상일에는 크고 작음의 구분이 없다. 사회와 우리 자신이 큰일과 작은 일을 구분하고, 큰일만 하고 싶어 하고 작은 일은 하기 싫어하는 것이다. 하지만 세상에 큰일은 아주 적고 작은 일이 거의 대부분이다. 큰일도 작은 일들이 모여서 이루어진 것이다. 그런데도 우리는 작은 일이 하기 싫어 실의에 빠지고 남들이 자기 재능을 알아봐 주지 않는다고 불평하며 우울해한다. 이 세상이 자신에게만 불공평하다고 생각한다.

남에게 희망을 걸고, 남이 자신을 중요하게 생각해 주기를 바라면, 자기 생활을 남에게 맡긴 것이나 마찬가지다. 타인은 우리가 좌지우지할 수 없다. 우리가 마음대로 할 수 있는 것은 우리 자신뿐이다.

그러므로 자기 생활을 스스로 통제하는 법을 배워야 한다. 그러면 걱정할 것도, 두려워할 것도 없고 남들이 자신을 알아주지 않는다고 불안하고 우울해할 필요도 없다. 그저 자신이 할 수 있는 일을 편안한 마음으로 하면 된다. 남들이 자신을 어떻게 대하는지 신경 쓸 필요도 없다.

누군가는 "행복이란 당신이 문을 두드릴 때 누군가가 당신을 위해 문을 열어 주는 것이다."라고 말했다. 이렇게 생각하며 산다면 그가 기대하는 행복은 남이 결정해 주는 셈이다. 남이 행복하면 그도 행복하고, 남이 슬프면 그도 슬퍼진다.

그 말을 이렇게 바꾸어 보자.

"행복은 남이 문을 두드릴 때 당신이 그를 위해 문을 열어 주는 것이다."

그러면 행복은 바로 자기 손안에 있다. 누가 문을 두드렸을 때 문을 열어 주는 것은 아주 작은 일이다. 우리 일상은 무수히 작은 일들로 이루어져 있다. 그 일들을 차분하게 한다면 우리의 행복과 운명은 바로 우리 손안에 있다. 그런데 무엇을 더 걱정할까? 세상이 자신을 알아봐 주지 않는다고 무엇을 더 불안하고 우울해할까?

남들이 나를 알아주지 않아
불안하고 우울하다면
어떻게 대하는지는 신경 쓰지 말고
자신이 할 수 있는 일부터 하라.

행복은 지금 이 순간에 있다

늘 행복한 사람들이 있다. 그들이 행복할 수 있는 것은 그들의 인생이 남들보다 훨씬 순탄하기 때문이 아니라 솔직하고 유쾌한 마음으로 인생과 자기 앞에 닥치는 모든 것을 바라보기 때문이다.

항상 불안하고 우울해하는 사람들이 그러한 이유는 그들의 삶이 특별히 힘들기 때문이 아니라 그들이 암울하고 원망에 가득 찬 시선으로 세상을 대하기 때문이다.

행복한 사람은 풍경 바라보듯 인생을 대하고, 우울한 사람은 마라톤 경주하듯 인생을 살아간다. 살면서 닥치는 모든 것을 풍경으로 생각하면 무슨 일이든 꽃이 피었다가 시들고, 해가 떴다가 저물고, 바람이 불고 버들가지가 흔들리고 기러기가 멀리 날아가는 것처럼 자연스럽게 받아들일 수 있다.

반대로 인생을 경주로 생각하고 강한 자아의식을 내세우며 작은 일 하나까지 모두 집착하고 연연한다면 모든 일이 힘들고 원망스럽기만 하다.

그럴 때는 자기 자신에게 이렇게 물어보자.

"내 생활이 왜 이렇게 힘들고 피곤한 걸까?"

중국 시인 위핑보의 글 중에 이런 대목이 있다.

"인생이란 그저 이뿐이다. 평범한 인생이지만 흥미진진하게 살아야 한다. 당신이 인생을 누릴 권리를 빼앗을 수 있는 사람은 없다. 인생은 당신 자신의 것이니까 말이다. 이 사실을 깨달은 사람은 설령 감옥에 갇혔다 해도 그 나름의 재미를 찾을 수 있다."

인생은 원래 잡다한 일들의 연속이다. 우리 인생에는 수시로 참아야 하는 고비들이 찾아오며 그 고비를 넘겨야만 인생이 계속 이어진다.

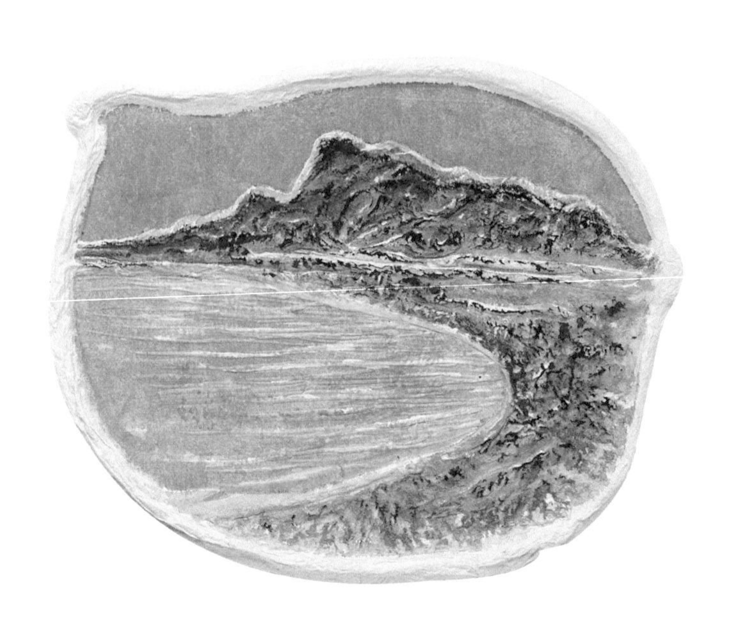

하지만 아름다운 풍경을 감상하는 마음으로 이 세상을 바라보고, 탁 트인 밤하늘을 올려다보는 마음으로 우리 앞에 닥치는 다양한 일에 대처해 보자. 그러면 잡다한 생활 속에서도 안식을 찾을 수 있지 않을까? 벌이 꿀을 만들어 내듯 평범한 일상에서도 아름다운 풍경을 만들어 낼 수 있지 않을까?

행복한 사람은 풍경 바라보듯 인생을 대하고
우울한 사람은 마라톤 경주하듯 인생을 산다.
사는 게 힘들고 피곤하다면
아름다운 풍경을 감상하듯 세상을 바라보라.

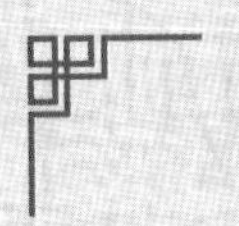

좋은 생각이 악연을 없앤다

_관계를 조화롭게 만드는 지혜

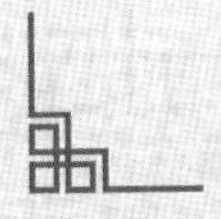

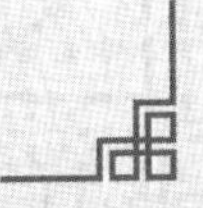

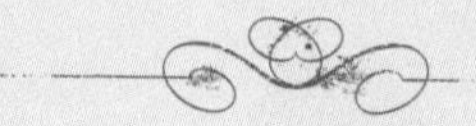

거리를 지나가고 있는 수많은 사람이 제각각 다른 옷을 입고, 저마다 다른 위치에서 생활하고 있다. 이런 것들이 눈에 보이겠지만 겉으로 보이는 것을 배제하고 바로 이 순간 생명의 생동적 자태만 바라보자. 시간과 장소, 누구인가에 따라 그 모습이 모두 다르지만 가장 궁극적 차원으로 올라가 생명 그 본모습을 본다면 그 어떤 구분도 모두 무의미해진다.

무엇이든 나누고 판단하지 않는다

어떻게 해야 보면서도 보지 않고, 생각하면서도 생각하지 않을 수 있을까?

혜능이 내놓은 방법은 바로 분별심을 갖지 않는 것이다. 그는 이것을 "없다 함은 무엇이 없다는 것이고 생각함이란 무엇을 생각하는 것인가? 없다 함은 상 두 가지가 없는 것이니 모든 번거로운 망상이 없는 것이며, 생각함이란 본성을 생각하는 것이다."라고 했다. 실제로 생각하지 않는 것이 아니라 우리의 번뇌를 일으키는 이원론적 구분에서 탈피해야 하고, 또 생각하지 않을 수는 없지만 오직 본성만 생각한다는 의미다.

훗날 신회는 무념을 "있고 없음을 생각하지 않고, 선과 악을 생각하지 않는 것"이라고 해석했는데 혜능의 본뜻을 쉽게 해석한 말이다. 즉, 무념이란 생각하지 않는다는 뜻이 아니라 '분별심을 갖지 않는다'는 뜻이다.

우리가 아름다움과 추함의 구분을 초월한다면 아무리 아름다운 사람을 보아도 미혹되지 않는다. 그 사람의 아름다움을 느끼지만, 그와 동시에 그 사람은 그저 한 사람이고, 생명이며, 중생일 뿐이므로 아름다움이 아니라고 생각하게 된다. 차가움과 뜨거움의 구분을 초월한다면 무더위에도 짜증이 나지 않는다. 더움을 느끼지만 또 그것은 일종의 상태이자 감각일 뿐이라는 것을 알기 때문이다.

중국 작가 빙신의 소설 《분(分)》은 산부인과병원에서 흔히 일어날 수 있는 상황을 그리고 있다. 막 태어난 아기는 발가벗고 있기 때문에 아무런 차별도 받지 않지만 퇴원하는 날 어떤 아기는 부잣집으로 가고 어떤 아기는 가난한 집으로 간다. 그 때부터 신분과 지위가 달라진다. 이 소설의 제목 '분(分)'이 바로 이런 의미를 내포한다.

어느 날 영우선사가 주지를 부르자 그 절의 주지가 달려왔다. 그러자 영우선사가 "주지를 불렀는데 어째서 네가 오느냐?"라며 그를 꾸짖었다. 이 역시 사람에게 신분 구분이 없다는 뜻이다.

우리 모두 똑같은 인간이다. 발가벗은 채로 왔다가 발가벗은 채로 떠나는데 어떻게 귀천 구분이 있을까? 과장, 국장, 부자, 빈민, 상류 사회, 하류 사회 등등……. 이런 구분이 생기기 전, 이 세상은 어떤 모습이었을까?

각양각색의 신분과 생김새, 피부색을 모두 걷어 내고 생명의 본질 자체를 들여다보면 모든 생명이 같은 뿌리에서 나온 하나임을 알게 된다.

거리를 지나가고 있는 수많은 사람이 제각각 다른 옷을 입고, 저마다 다른 위치에서 생활하고 있다. 이런 것들이 눈에 보이겠지만 겉으로 보이는 것들을 배제하고 바로 이 순간 생명의 생동적 자태만 바라보자. 시간과 장소에 따라, 누군가에 따라 그 모습이 모두 다르고, 그 속에 제각각 기쁨과 슬픔이 있지만 가장 궁극적 차원으로 올라가 생명 그 본모습을 본다면 기쁨과 슬픔의 구분도, 좋고 나쁨의 구분도 모두 무의미해진다.

보면서도 보지 않고 생각하면서도 생각하지 않으려면
어떻게 해야 할까?
겉으로 보이는 것들을 배제하고
생명의 생동적 자태만 바라보라.

관점을 바꾸어 생각하라

어떻게 해야 분별심이 생기지 않을 수 있을까? 바라보는 관점을 바꾸는 것이 가장 효과 있다. 눈은 우리가 사물을 볼 수 있게 하지만 또 우리가 사물을 관찰하는 범위를 제한한다.

우리는 직접 눈으로 본 것은 진실하다고 믿는다. 책상, 시계, 스탠드 등 눈에 보이는 것은 당연히 존재하고 만질 수도 있다. 하지만 그것으로 전부가 아니다. 다른 사람이 보는 책상, 시계, 스탠드는 또 내가 보고 묘사한 것과 다를 수도 있다. 사람마다 보는 관점이 다르기 때문이다. 자기 관점에서 벗어나 타인 관점에서 똑같은 사물을 바라보면 자기가 보았던, 또는 생각했던 것과 다르다는 것을 알게 된다.

동일한 사물을 동시에 여러 관점에서 볼 수는 없을까? 아마도 불가능할 것이다. 하지만 그런 가설을 세우고 깊이 생각한다는 것만으로도 이미 그 사물의 본모습에 천천히 가까워지고 있는 것이다. 적어도 한 사람이 바라본 모습은 수많은 모습 중 하나에 불과하다는 사실은 깨달을 수 있다.

이쪽 각도에서 보면 둥글지만 다른 각도에서 보면 각질 수도 있고, 반대로 이쪽 각도에서 보면 각지지만 다른 각도에서 보면 둥글 수도 있다. 그렇다면 그 사물의 본질은 둥근 것도 아니고 각진 것도 아니며, 어떤 의미에서 보면 바라보는 사람의 감정에 따라 달라질 수 있다. 사물에 어떤 감정이 투사되었느냐에 따라 형태와 온도, 질감이 모두 달라지는 것이다.

인간 세상의 소란스러운 다툼은 대개 개인 편견에서 벗어나지 못한 데서 시작된다. 오직 자기의 생각을 사물과 현상의 본모습으로 착각하기 때문에 타인 의견을 용납하지 못한다. 또 이런 편견은 생명이 자유롭게 뻗어 나가지 못하도록 옭아매고 번뇌 속에서 생명 에너지를 소진시킨다.

이럴 때 효과 있는 방법이 있다. 분노가 일거나 짜증이 날 때 타인 관점에서 생각해 보는 것이다. 그러면 욱하고 끓어오르던 화를 참을 수 있고 더 나아가 마음의 평온을 되찾을 수도 있다. 그러면 자연히 다툼이 줄어들고 인간관계가 좋아질 것이다.

한 걸음 더 들어가서 타인 관점에서 생각하는 동시에 인간과 함께 사는 다른 생물의 시선을 상상해 보자. 지구상에 인간은 없고 고양이, 개, 코끼리, 호랑이 등등 동물만 살고 있다면 그들 눈에 비친 이 세상은 어떤 모습일까?

여기서 한 걸음 더 들어가 보자. 지구상에 모든 생물이 존재하지 않아서 '관점'이라는 것조차 없어진다면 이 세상은 어떤 모습일까? 그걸 바라보고 느껴 줄 생물이 없다고 이 세상이 존재하지 않는 건 아닐 것이다.

관세음보살은 어떤 '관점'이든 다 떨치고 사물이 본모습으로 돌아간 상태를 생각하며 "모든 사물이 공(空)이다."라는 깨달음을 얻었다. 그는 이 한마디로 인간 세상에 있는 중생들을 끝없이 광활한 우주로 데려다 놓았다. 우리는 그곳에서 눈이 아닌 마음으로, 방향도 없이 완전히 탁 트인 곳을 바라보며 존재 자체와 그 무엇으로도 나뉘지 않은 전체, 무궁무진함, 영원함을 깨닫게 된다.

화나고 짜증 날 때
타인 관점에서 생각해 보자.
다툼이 줄어들고 인간관계가 좋아질 것이다.

인연의 이치를 깨달으려면

주위를 둘러보면 이런 사람들이 있다. 그가 어디서 왔고 예전에 무엇을 했었는지 알 수 없지만 어느 곳에 살든 누구와도 원만하게 잘 어울린다. 마치 고고한 학이 잠시 머물기 위해 이곳에 온 것처럼 무엇을 하든 온화하고 자연스럽다.

파조타선사가 바로 그런 사람이었다. 그는 쑹산에 은거했는데 그의 나이가 몇이고 이름은 무엇인지 아는 사람이 없었다. 사람들은 그저 그를 기이하다고 여길 뿐이었다.

쑹산 근처 작은 절에 부뚜막이 하나 있었는데 조왕신에게 제사를 지내려는 사람들이 끊이지 않고 찾아왔다. 그들은 가축을 잡아 조왕신에게 제물로 바쳤다.

어느 날 파조타선사가 제자들을 데리고 그 절을 찾아오더니 막대기로 부뚜막을 두드리며 외쳤다.

"쯧쯧! 진흙을 빚어 만든 부뚜막인데 어디에서 신령함이 나온단 말인가? 그런데 어찌하여 산 생명들을 죽여 제사를 지내게 한단 말인가?"

그가 부뚜막을 세 번 두드리자 부뚜막이 와르르 무너졌다. 그런데 바로 그 자리에서 검은 옷에 높은 관을 쓴 사람이 나오더니 파조타선사에게 허리를 굽혀 절을 올렸다.

파조타선사가 물었다.

"그대는 누구인가?"

"저는 이 절의 조왕신입니다. 오랫동안 업보를 받아 왔는데 오늘에야 스님으로부터 무생무멸의 설법을 들었습니다. 저는 이제 이곳을 떠나 하늘나라에서 태어날 수 있게 되었습니다. 은혜에 감사드립니다."

"내게 고마워할 필요 없다. 그대의 본래 성품이 그런 것이지,

내가 억지로 만들어 낸 결과가 아니다."

조왕신이 다시 절하고는 곧 사라졌다. 파조타선사의 제자들이 그것을 보고 놀라서 물었다.

"저희들은 오랫동안 스승님을 모셨지만 아직껏 가르침을 받지 못하였는데, 조왕신은 스승님께 어떤 가르침을 얻어 하늘로 올라간 것입니까?"

"나는 부뚜막은 진흙을 빚어 만든 것이라고 말해 주었을 뿐 다른 얘기는 하지 않았다."

제자들의 놀란 표정을 보고 파조타선사가 물었다.

"알아들었느냐?"

"알아듣지 못했습니다."

"그것이 본성인데 어찌 알아듣지 못하느냐?"

제자들이 파조타선사에게 절을 올리자 파조타선사가 갑자기 외쳤다.

"무너져라! 무너져라! 무너져라! 깨져라! 깨져라! 깨져라!"

"깨져라!"라는 파조타선사의 말에 마침내 제자들이 선입견에서 벗어나 인연의 이치를 깨달았다.

인연의 이치를
깨닫기 위해서는
선입견에서 벗어나야 한다.

남과 사귀는 것이 두려울 때

살다 보면 의기소침해질 때가 있다. 이 세상이 모두 내 적인 것 같다. 회사 동료 셋이 모여 수군대고 있는 것을 보면 오늘 내 옷차림이 촌스럽다고 비웃고 있는 것 같다. 친구는 미국 대도시로 유학갔는데 나만 좁아터진 곳에서 살고 있다. 나는 왜 항상 남들보다 못할까?

나도 남들과 교제하는 것을 두려워했던 적이 있다. 작가 장아이링의 말처럼 남들과 교제하며 공허함을 느꼈다. 혼자 방에 틀어박혀 오만 가지 생각을 다 했다. 특히 죽는 방법을 골똘히 고민했다. 그런 생각들이 나를 점점 어두운 동굴 속으로 밀어 넣었다. 그러던 어느 날 재래시장 앞을 지나가는데 왁자지껄한 소음이 내 귀로 파고들었다. 장사꾼의 외침, 주인과 손님이 흥정하는 소리, 목이 비틀린 닭의 비명……. 죽어 가며 발버둥 치는 닭의 모습에 갑자기 커다란 충격을 받았다. 그 순간 머리를 세게 얻어맞은 듯 생각이 한 가지 떠올랐다. 살아갈 방법을 고민해야 한다는 것이었다.

사람은 누구나 죽는다. 우리가 죽는 방법을 고민하지 않아도 어차피 죽을 때가 되면 죽는다. 하지만 살아가는 모습은 사람마다 다르다. 어떤 삶을 살 것인지 각자 선택해야 한다. 채소를 가꾸며 농부로 살 것인지, 시장에서 닭을 잡으며 살 것인지.

어떻게 살 것인가? 진정으로 고민해야 하는 것은 바로 이것이었다.

어떻게 살 것인가? 결코 작지 않은 화두다. 이 질문의 대답을 찾을 때 시도해 볼 만한 방법이 있다. 바로 부처가 말한 이치를 곱씹어 보는 것이다. 석가모니는 인생에 대한 번뇌를 통해 부처가 되었다. 죽음을 어떻게 바라볼 것인가? 번뇌를 어떻게 대할 것인가? 삶의 무상함을 어떻게 받아들일 것인가? 석가모니는 이런 의문의 해답을 고민하다가 깨달음을 얻고 부처가 되었다.

평범한 사람들에게 불법이란 그저 살아가는 방법이다. 불법이란 "어떻게 살 것인가?"라는 의문에 석가모니가 깨달은 해답이다. 불안하고 심란하다면 차분히 앉아서 불교의 이치를 생각해 보자. '본디 아무것도 없다'는 혜능의 말을 곰곰이 생각하고 '모든 형상은 다 헛된 것이다'의 말뜻을 고민해 보자.

우리가 가끔씩 멀리 떠나서 시야를 넓혀야 하는 것처럼 생각도 멀리 떠날 필요가 있다. 날마다 찾아오는 일상의 일들을 어떤 마음가짐으로 행할 것인지, 어떻게 돈을 벌 것인지 등등. 지금까지 갖고 있던 생각에서 빠져나와 자기 자신을 들여다보아야 한다. 몸이든 생각이든 멀리 떠나야 다시 돌아올 수 있는 법이다.

이 방법을 시도해 보기로 했다면 제일 먼저 '지금 바로 이 순간을 누리라'는 말의 의미를 생각해 보자. 급할 것 없다. 멀리 떠나 천천히 생각하다 보면 어느 순간 자신에게서 변화를 발견하게 될 것이다.

어떻게 살 것인가?
지금 바로 이 순간을 누리기 위해 멀리 떠나 보라.
몸이든 생각이든 멀리 떠나야
다시 돌아올 수 있다.

관계를 좋게 만드는 법

수천 년 전 공자가 길을 가다가 사람들이 웅기중기 모여 열띤 토론을 벌이는 것을 보았다. 그런데 너도나도 주제와 관계없는 말들을 중구난방으로 하고 있었다.

공자가 그것을 보고 탄식했다.

"종일 무리 지어 어울려도 의로움에 관한 이야기가 나오지 않는구나."

어떤 이가 공자에게 "어떻게 하면 군자가 될 수 있습니까?" 라고 묻자 공자가 대답했다.

"천천히 말하기만 하면 된다."

공자는 말이란 단순히 입으로 소리를 내는 것이 아니라 말하는 사람의 내면 상태가 투사되어 있는 것이라고 생각했다. 그러므로 천천히 말하는 것은 전략이자 기교가 될 수도 있지만, 더 크게는 말하는 이의 격조와 수준을 보여 주는 것일 수도 있다. 점잖고 차분한 말투는 성급하게 판단하거나 자신을 과시하지 않는 진중함의 표현이 된다.

선종을 얘기할 때 많은 사람이 침묵을 함께 떠올리곤 한다. 아무 말도 하지 않아야 선을 실천할 수 있고 침묵해야 득도할 수 있는 것으로 착각한다. 만약 그렇다면 청각 장애인은 세상에서 가장 지혜로운 사람일 것이다.

도가든 유가든 불가든 말하는 것을 배척하지 않았다. 중요한 것은 무엇을 어떻게 말하느냐에 있다. 무엇을 말할 것인가? 날씨가 좋다, 나쁘다 같은 일상어도 있지만, 해도 괜찮은 말과 해서는 안 되는 말이 있다. 장소에 따라 해도 되는 말과 해서는 안 되는 말이 달라지기도 한다. 이것은 문명이 탄생하면서 생겨난 규칙이다. 문명이 탄생하기 전에는 말 자체가 없었으므로 해도 되는 말과 해서는 안 되는 말을 구분할 수도 없었다.

또 어떻게 말하는가도 중요하다. 같은 일이라도 어떻게 말하느냐에 따라 효과는 완전히 달라진다. 무엇을 어떻게 말할 것인지 고려하는 것은 좋은 효과를 거두기 위함이고, 좋은 효과란 남들이 듣고 나서 기분이 좋고 평온해지는 것이다. 좋은 말은 봄바람처럼 사람의 마음을 즐겁게 만든다. 아부하는 말이 반드시 좋은 말은 아니다. 아부하는 말이 오히려 상대를 불쾌하게 만들 수도 있다.

반대로 나쁜 말은 이러쿵저러쿵 남을 험담하는 말이다. 나쁜 말은 불안과 긴장을 부르고 심하면 번뇌와 고통을 만들어 낸다. 이런 말은 말하는 사람이든 듣는 사람이든 양쪽 모두에게 해를 끼친다.

벙어리처럼 침묵하고 있어서도 안 되고 아무 말이나 함부로 해서도 안 된다. 무엇을 어떻게 말할 것인가의 핵심은 어디에 있을까? 특별한 코칭 수업으로 말하는 기술을 배워도 소용없다. 중요한 것은 기교가 아니라 마음이기 때문이다.

말은 외부가 아니라 지극히 내면에 관한 것이다. 한 사람이 하는 말을 보면 그 사람이 어떤 사람이고 어떤 생각을 가지고 있는지 알 수 있다. 자기 마음으로 돌아가지 않으면 아무리 훌륭한 기교를 배워도 허세에 지나지 않는다.

혜능은 남의 잘못을 일절 보지 않으면 좋은 말을 할 수 있다고 했다. 남의 잘못을 일절 보지 않는다는 것은 사실 철학적 수

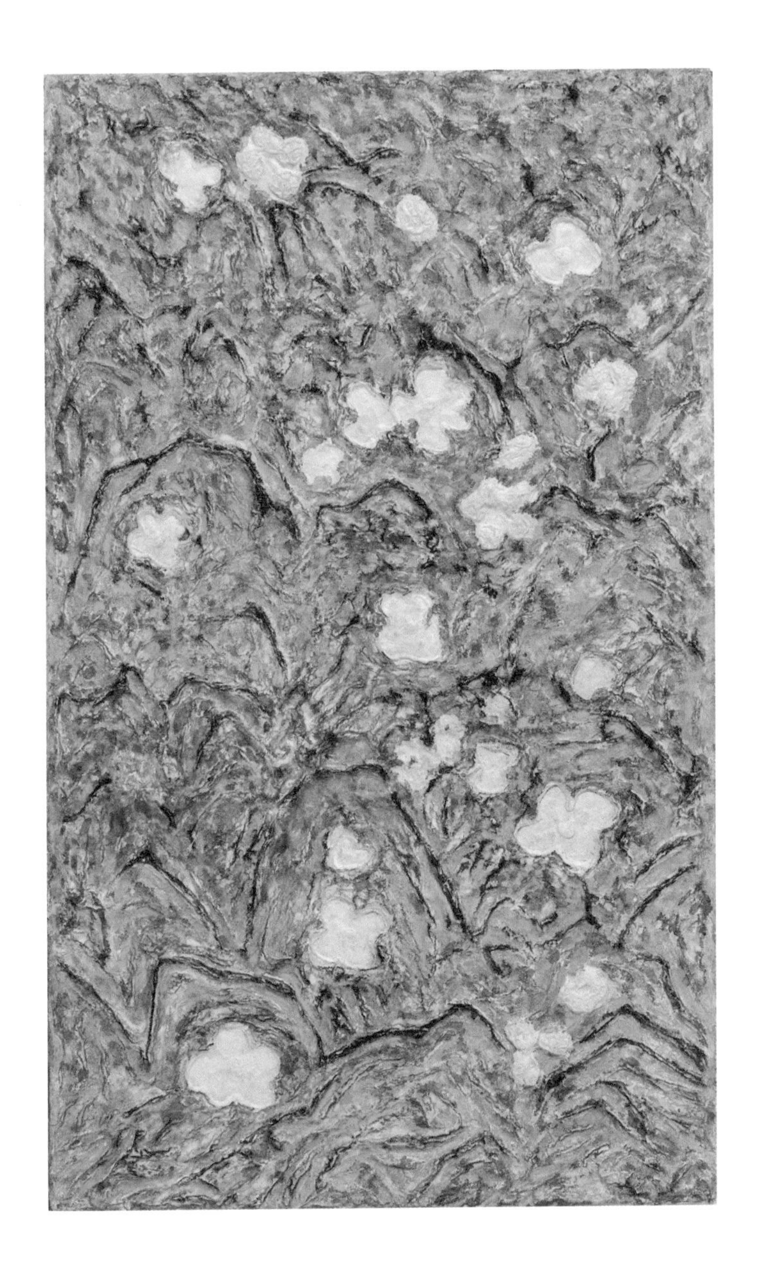

행이다. 분별심 없이 상대를 대하는 자비로운 마음이 있어야 하기 때문이다.

분별심 없이 세상을 대하면 자신이 좋아하거나 싫어하는 모든 것을 너그럽고 평등하게 바라볼 수 있다. 그런 마음을 가지고 말해야 그 말이 곤히 잠든 아이의 숨소리처럼 가볍고 부드러울 수 있다.

고개를 들어 멀리 바라보면 무엇이 보이는가? 하늘, 대지, 거리, 사람들, 숲……. 이런 것들이 눈앞에 펼쳐진다. 우리는 수많은 이야기를 할 수 있다. 거리에서 만나는 사람 얼굴, 길 건너에 서 있는 나무 개수, 오늘 책에서 읽은 재미있는 말……. 이 세상은 그만큼 넓고 이곳에는 수많은 것이 존재한다.

그런데 우리는 그런 것들은 내버려 두고 자신을 괴롭게 만들고, 무언가를 분별하고 시비를 따지는 이야기만 한다. 입만 열면 공허하고 비관하는 얘기들이 쏟아져 나온다.

말할 때 '나'라는 주어를 없애 보자. '나'라는 주어가 장애물이 되어 자신을 어딘가에 가두고 번뇌하게 만들기 때문이다. 원래 진정한 말에는 인칭이 없는 법이다.

부처는 "내가 말했는가? 사실 나는 아무것도 말하지 않았다."라고 했다.

진리는 그저 거기에 조용히 있다. 우리가 그걸 말해도 되고 말하지 않아도 된다. 중요한 것은 말하느냐 침묵하느냐가 아니라 우리가 마음으로 진리에 귀를 기울이고 있느냐 하는 사실이다.

가만히 귀를 기울여 보라. 우리는 세상 소음에 정신을 빼앗겨 빗방울이 기와와 나뭇잎을 두드리는 소리를 오랫동안 듣지 못했다. 조용히 마음을 가라앉히고 귀를 기울여 보라. 그러면 빗방울, 나뭇잎, 꽃잎과 대화를 나눌 수 있을 것이다.

그것이야말로 세상에서 가장 자연스러운 소리다.

우리가 하는 말도 자연의 소리처럼 아름답게 들릴 수 있다. 어째서 반드시 남을 설득해야 하는가? 어째서 반드시 남에게 자신을 이해시켜야 하는가? 말이 당신 혀에서 흘러 나갈 때 시냇물이 풀 사이를 흐르고, 봄바람이 나뭇가지 사이를 스치듯이 가볍고 부드러워야 한다.

무엇을 어떻게 말할 것인가?
기교가 아니라 마음이 중요하다.
좋아하거나 싫어하는 모든 것을 평등하게 바라보면
저절로 좋은 말을 할 수 있다.

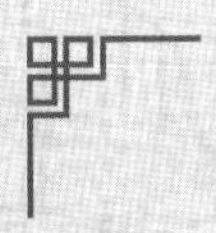
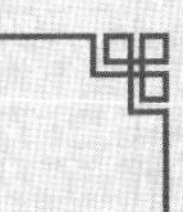

5장

떠나야 돌아올 수 있다

_순간의 생각과 감정을 다스리는 길

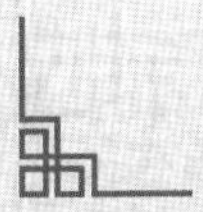
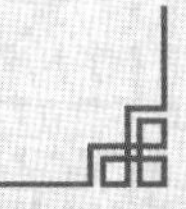

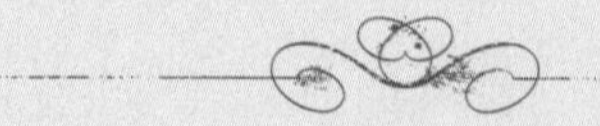

밤에 잠이 오지 않을 때 화나거나 흥분되는 일을 떠올리면 더 잠이 오지 않는다. 빨리 자야 한다는 사실에만 집중해도 마찬가지다. 자야 한다는 생각 자체를 잊어버리라. 아무 목표가 없는 상태로 생명의 자연스러운 흐름에 마음을 맡겨야 한다. 잠이 와도 좋고 잠이 오지 않아도 좋다는 생각으로 그 순간에 충실하며 평온한 상태를 유지할 때 자기도 모르게 잠들게 된다.

어떤 상황에서든 흔들리지 않는다

선정과 지혜를 별개로 바라보면 수행과 일상생활을 분리시키게 된다. 선을 수행할 때 우리는 불법에 따라 생각하고 행동한다. 그런데 살면서 마주치는 수많은 일 속에서 개인 욕망을 통제하기가 쉽지가 않다. 입으로는 부처의 이치를 이야기하지만 마음속에는 욕심과 집착의 씨앗이 쌓여 있을 수 있다.

혜능이 선정과 지혜는 하나라고 강조하는 것은 선 수행과 일상생활이 동시에 이루어지기를 바라기 때문이다. 다시 말하면 선 수행이 그저 형식이나 의식에 그치는 것이 아니라 삶을 대하는 태도 자체가 되어 우리 생활의 모든 순간에 녹아 들어가야 한다는 것이 혜능의 생각이다.

그러므로 출가했느냐 출가하지 않았느냐는 한 사람이 깨달음을 얻었는지 판단하는 기준이 될 수 없다. 마음속에 깨달음이 있다면 출가했든 출가하지 않았든 깨달은 사람이고, 우매한 사람은 절에서 살든 집에서 살든 우매한 사람이다.

깨달음을 얻었는지 여부는 출가 여부와 필연 관계가 없다. 혜능의 표현을 빌리자면, 절에 있으면서 수행하지 않으면 몸은 서방 정토에 있지만 마음은 악한 사람과 같고, 속세 집에 있으면서 마음으로 수행하면 동방 예토(더러움으로 가득 찬 속세 – 옮긴이)에 있지만 스스로 수행하는 사람과 같다.

혜능의 주장은 단순하다. 선을 수행할 때 형식에 치우치지 말고 근본으로 돌아가라는 것이다. 그러기 위해서 제일 먼저 필요한 것이 '관조'다. 이런 관조가 일상이 되어야 한다.

'관조'란 무엇일까? 지금 자신이 무엇을 하고 있는지 아는 것이다.

예를 들어 화났다면 화내면 된다. 일부러 분노를 눌러 삼킬 필요는 없다. 하지만 분노가 자신을 완전히 매몰하도록 만들어서도 안 된다. 자신이 화났다는 것을 알고 그 분노를 바라보고, 분노가 갑자기 솟구쳤다가 천천히 사그라지는 것을 지켜보아야 한다.

어떤 감정이든 두렵지 않다. 어떤 감정이든 생겨났을 때 억지로 막지 말고 차분히 지켜보면 된다. 차분히 지켜볼 수 있다면 그걸로 충분하다. 언제 어디서 무엇을 하든 자신을 관조하고 자신이 무엇을 하고 있는지 안다면 어떤 감정이나 상황에 갇혀 꼼짝도 못하는 일은 없을 것이다.

혜능은 사람들에게 좌선하라거나 불경을 읽으라고 하지 않았다. 그건 그저 겉껍데기일 뿐 근본이 아니기 때문이다. 근본으로 돌아가 가장 궁극적 방법을 찾아야만 진정한 해탈에 이를 수 있다.

진정한 해탈이란 수행하고 있을 때만 도달할 수 있는 것이 아니다. 진정한 해탈을 얻었다면 언제 어디서든, 잠을 자고 있을 때든, 밥을 먹고 있을 때든, 역경이 닥쳤을 때든, 일이 순조로울 때든 마음이 자유로울 수 있다.

한 선승이 산에서 모욕을 참는 인욕 수행을 하고 있었다. 그때 누가 다가와 "가서 똥이나 먹어라!"라고 말하자 선승이 노발대발 화내며 그를 때리려고 달려들었다.

티베트 불교에서 회자되는 이 이야기도 혜능의 주장과 같은 이치를 담고 있다. 일상생활에서 부딪치는 모든 상황에 대처할 수 없다면 수행도 짧은 도피에 불과할 뿐 어차피 인생은 바뀌지 않는다.

혜능은 우리 인생이 완전히 바뀌는 경지를 추구했다. 평범하

고 잡다한 인생을 살면서 우리 마음이 그 어떤 것에도 영향받거나 구속되지 않고 물처럼 평온한 상태가 되는 것이 바로 혜능이 원한 경지였다.

언제 어디서 무엇을 하든
자신을 관조하고
자신이 무엇을 하는지 안다면
어떤 감정이나 상황이라도 두렵지 않다.

망상을 경계해야 하는 이유

빈손이면서 호미 자루를 잡았고

걸어가면서 물소를 탔네

사람이 다리 위를 지나가는데

다리가 흐르고 물은 흐르지 않네

중국 유마선의 시조 부대사가 지은 시다.

일본의 유명한 선학 사상가 D. T. 스즈키는 이 시가 《금강경》에 나오는, “부처님이 설한 반야바라밀은 반야바라밀이 아니라 그 이름이 반야바라밀이다.”라는 구절을 쉽게 해석하고 있다고 했다. 빈손인데 어떻게 호미 자루를 잡을 수가 있을까?

걸어가면서 어떻게 물소를 탈 수 있을까? 다리가 어떻게 흐를 수 있으며 또 물은 왜 흐르지 않을까? 얼핏 들으면 바보가 지껄이는 헛소리 같다.

하지만 가만히 들여다보며 음미하면 그 깊은 뜻을 깨달을 수 있다. 이 헛소리는 사실 우리에게 다른 세상, 더 넓은 세상, 논리와 구분이 없는 세상을 열어 주기 위한 주문이다.

빈손에 호미 자루를 들고 있음을 느끼고, 다리는 흐르는데 물이 흐르지 않는 것을 느낄 수 있다면, 이미 당신은 선의 진정한 희열이 가슴 벅차게 차오르는 것을 느낄 것이다. 그런 경지에 다다르는 순간 가장 완벽한 자유를 누릴 수 있기 때문이다.

울타리와 경계가 모두 한꺼번에 사라지고 끝없는 광야를 달리는 듯 시야가 탁 트인다. 동서 구분도, 남북 차이도 없다. 다시 말해 자신과 환경, 자신과 존재가 하나로 융합되는 것이다.

그런 경지에 다다른다면 선종의 선문답 속에 숨은, 깊은 뜻도 이해할 수 있다. 선사들이 거칠게 꾸짖고 영문도 모르게 상대의 물음을 그대로 반복하기도 한다. 또 어떤 때는 질문에 대꾸도 하지 않고 가 버린다.

이런 행동들이 모두 부대사의 시처럼 괴이하게 보이지만 목적은 분명하다. 질문하는 사람을 논리와 추리의 사고 속에서 끄집어내 바로 지금 이 순간으로 데려다 놓는 것이다. 다시 말해, 지금 이 순간의 생명 자체를 직접 느끼게 하려는 깊은 뜻이 숨어 있다.

많은 제자가 "불법의 커다란 뜻이 무엇입니까?", "공이란 무엇입니까?"라고 물었지만 선사들은 그 질문에 직접 대답하지 않았다. 물론 설명할 수 없어서가 아니었다. 선사들은 불경 속에 담긴 깊은 뜻을 자세히 설명해 줄 수 있었지만 그렇게 하지 않았다. 그렇게 하면 제자들이 바로 지금 이 세상에서 더 멀어질 것이기 때문이다.

어떤 이가 "불법의 큰 뜻은 무엇입니까?"라고 묻자 마조도일의 후계자 법상선사는 이렇게 대답했다.

"꽃창포, 버들개지, 대바늘과 삼실이니라."

마조도일의 대답은 더욱 특이하다. 그는 불법의 큰 뜻을 묻는 제자에게 이렇게 말했다.

"목소리를 낮추고 이리 가까이 오게."

제자가 가까이 다가가자 마조도일이 갑자기 따귀를 한 대 후려쳤다.

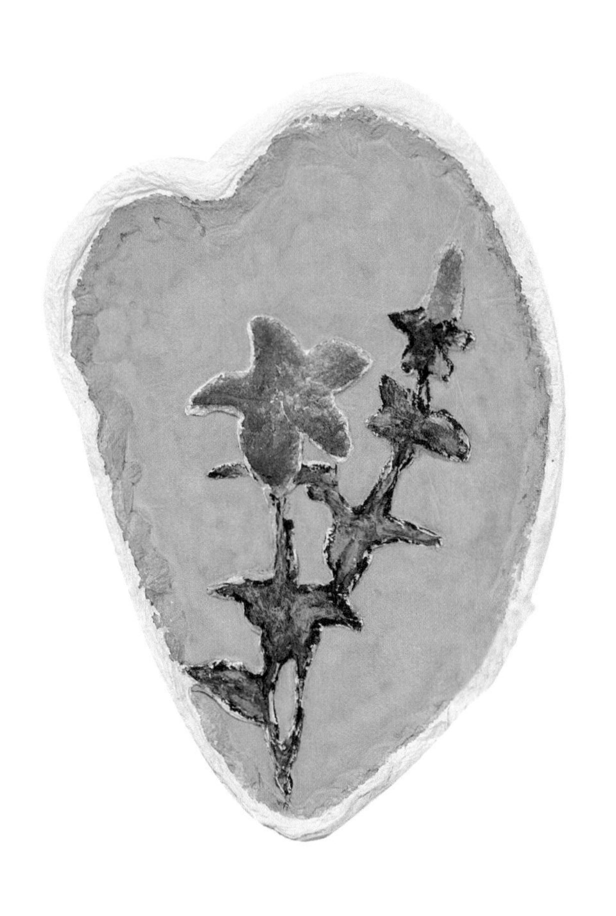

"사람이 많은 곳에서는 얘기하지 않겠네. 내일 다시 오게."

다음 날 마조도일이 혼자 법당에 있을 때 제자가 찾아가 말했다.

"이제 대답해 주십시오."

"돌아갔다가 내가 법문하러 올라갈 때 다시 와서 물으면 그대에게 증명해 주겠네."

항저우 영은사의 청용선사는 불법의 큰 뜻을 묻는 질문에 "눈송이가 쏟아진다."라고 대답했다.

마조의 따귀든 놀림이든, 법상과 청용의 구체적 비유물이든 모두 질문한 이의 사고 흐름을 갑자기 끊고 질문 자체에 의구심을 제기하고 있다. 상대방 질문이든 불성과 공을 탐색하는 일이든 혜능은 이것들이 모두 분별심으로 말미암아 생겨났다고 했다.

혜능은 이렇게 말했다.

"본성이 깨끗함을 모르기 때문에 자꾸만 질문하고 탐색하려는 것이며, 이런 생각이 마음을 경직시키고 깨끗함과 헛됨을 구분하게 만든다. 망상은 어디에서 오는가? 그것은 시작되는 곳이 따로 있지 않고 분별하는 데서 시작된다. 깨끗함과 헛됨을 분별하는 마음 자체가 바로 망상의 시작이다. 깨끗함을 추구하려 한다면 이미 망상이 생긴 것이다."

깊은 뜻을 깨닫고 싶다면
가만히 들여다보며 음미하라.
자신과 환경, 자신과 존재가 하나로 융합되는 순간
가장 완벽한 자유를 누릴 수 있다.

생각에 끌려다니지 말라

어릴 때는 높은 창틀에 걸터앉아 발밑을 지나가는 사람들을 내려다보곤 했다. 그런데 자라서 어른이 된 후에는 창틀에 올라가지 않는다. 이제 무서움을 아는 나이가 되어 발밑을 내려다보기가 두렵기 때문이다.

세상 많은 일들이 이렇다. 우리가 규칙을 배우고 이것저것 구분하기 시작하면 예전처럼 잘하지 못하고 번뇌가 시작된다.

매일 엎드려서 자는 사람이 있었다. 그는 어떤 자세로 자야 잠을 푹 잘 수 있는지 생각해 본 적이 없었다. 그런데 누군가 그에게 맞는 수면 자세가 따로 있다고 얘기해 주었다. 그날부터 그는 편히 잠을 잘 수가 없었다. 잠이 들었다가도 몸을 왼쪽으로 돌려야 하는지 오른쪽으로 돌려야 하는지, 오른손을 위에 놓아야 하는지 아래 놓아야 하는지 신경 쓰여 잠이 깨어 버렸기 때문이다. 잠을 제대로 자지 못하자 수면 부족으로 항상 피곤했다.

어느 날 그가 더 이상 참지 못하고 자포자기하는 심정으로 엎드려서 잠을 청했더니 금세 잠이 들어 한 번도 깨지 않고 다음 날 아침 개운하게 일어났다.

좌선을 이야기해 보자. 어떤 자세로 앉음으로써 본래 깨끗한 자기 마음으로 돌아갈 수 있을까? 어딘가 이상하게 들리지 않는가?

혜능이 자기 본마음으로 돌아가야 한다고 강조하지 않았는가? 본래 깨끗한 마음으로 돌아가라고 가르치지 않았는가?

그렇다. 혜능은 자기 마음으로 돌아가 마음을 깨끗하게 하는 것이 선의 목표라고 했다. 그런데 혜능은 이것을 목표로 삼으면 이 목표에 도달할 수 없다고 했다. 좌선할 때 의도적으로 자기 마음으로 돌아가 마음을 깨끗이 하려고 하면 그 생각에 얽매이게 되어 그것이 또 번뇌가 되기 때문이다.

밤에 잠이 오지 않을 때 화나거나 흥분되는 일을 떠올리면 더 잠이 오지 않는다. 하지만 빨리 자야 한다는 사실에만 집중해도 마찬가지로 잠드는 데 실패할 확률이 높다. 효과 있는 방법은 억지로 잠을 청하지 말고 자야 한다는 생각 자체를 잊어버리는 것이다. 다시 말해 아무 목표가 없는 상태로 생명의 자연스러운 흐름에 마음을 맡겨야 한다. 잠이 와도 좋고 잠이 오지 않아도 좋다는 생각으로 그 순간에 충실하며 평온한 상태를 유지할 때 자기도 모르게 잠들게 된다.

이것이야말로 진정한 초월이다. 혜능은 모든 '헛된 마음'을 떨쳐 내는 것이 궁극적 해탈의 길이라고 했다. '헛된 마음'이란 어떤 목표에 도달하려는 마음 또는 무엇을 판단하는 마음이다. 어떤 목표를 추구하든, 어떻게 판단하려고 하든 모두 부처가 되는 길에 걸림돌이 된다. 깨끗함을 추구하면 깨끗함의 노예가 되고, 마음을 좇으면 마음의 노예가 된다. 어떤 의미에서 보면 돈의 노예가 되는 것과 다를 바 없다.

그러므로 혜능은 좌선을 이렇게 해석했다.

"걸리고 막힘이 없으며 그 어떤 현상도 헛된 생각을 일으키지 않는 것을 '좌'라고 하고, 자기 본성으로 돌아가 흔들림이 없는 것을 '선'이라고 한다."

그렇다면 좌선이 '앉는 것'과 무슨 관계가 있을까? 앉든 앉지 않든 아무런 관계가 없다. 중요한 것은 외부 일과 사물에 자유로운 마음을 가질 수 있는가 하는 것이다. 마음이 자유로우면 매 순간 분별심이 일어나지 않고 생명이 꽃처럼 활짝 피어나 마음껏 자라난다.

자고 싶다면 자야 한다는 생각 자체를 잊으라.
아무 목표가 없는 상태로
생명의 자연스러운 흐름에 마음을 맡겨야
비로소 목표에 도달할 수 있다.

사고의 함정에서 뛰쳐나오라

어느 날 영우선사(위앙종 창시자)가 지한(영우선사의 후계자 – 옮긴이)에게 물었다.

"그대의 학문에 대해서는 묻지 않겠다. 그대에게 묻고 싶은 것은 그대가 태어나기 전 진면목이 무엇이었느냐는 것이다."

이 질문은 "선도 생각하지 않고 악도 생각하지 않을 때 그대 본모습은 무엇인가?"라는 혜능의 질문과 같다. 영우선사 역시 혜능과 마찬가지로 지한을 완전히 밝은 경지로 데려다 놓았다. 이런 문제를 생각해 본 적이 없었던 지한은 한참 생각에 잠겼다가 몇 마디 대답했지만 영우선사로부터 인정받지 못했다.
지한이 하는 수 없이 가르침을 청했다.

"선사께서 말씀해 주십시오."

영우선사가 말했다.

"내가 말하는 것은 나의 생각일 뿐이므로 그대에게는 아무런 도움도 될 수가 없다."

지한이 방으로 돌아가 각지에서 모은 책들을 모두 펼쳐 보았지만 원하는 답을 찾지 못했다. 그는 절망한 나머지 책을 모두 불태워 버린 뒤 금생에 다시는 불학을 연구하지 않기로 결심하고 떠돌아다니는 유행승이 되었다.

지한이 울면서 영우선사에게 하직 인사한 뒤 남양에 있는 혜충국사 유적에 가서 머물렀다. 어느 날 지한이 산에서 풀을 뽑다가 우연히 깨진 기와 조각을 대숲으로 던지자 청명한 소리가 들렸다. 그러자 지한의 마음속 근심이 한순간에 사라지고 영우선사가 했던 그 질문의 깊은 뜻을 깨달았다. 만일 지한이 가르침을 청했을 때 영우선사가 가르쳐 주었더라면 지한이 대

나무 울리는 소리를 듣고 깨달음을 얻을 수 있었을까?

영우선사가 해답을 가르쳐 주지 않은 것은 그 해답을 스스로 깨달아야 하기 때문이었다. 또한 그 해답은 책에서 얻는 것이 아니라 일상생활 속에서 깨달을 수 있었다.

위대한 선사들은 거의 모두 생활 속 작은 일에서 깨달음을 얻었다. 생명이 충만한 상태로 삶을 살아간다면 이치와 진리에 대해 토론할 필요가 없다. 평소 행동에서 이치와 진리가 표현되기 때문이다.

또 지한은 재미있는 가설을 내놓았다.

"만약 사람이 나무에 올라가 손으로 가지를 잡지 않고 발로 나무를 딛지 않고 입으로만 나뭇가지를 물고 있는데 누가 나무 밑에서 달마조사가 서쪽에서 오신 뜻을 묻는다고 치자. 이때 대답하지 않으면 묻는 사람을 어기는 것이 되고, 대답한다면 떨어져 죽을 것이다. 그러면 어떻게 할 것인가?"

한 스님이 말했다.

"나무 위에 있을 때는 묻지 않겠습니다. 그러면 아직 나무에 올라가지 않은 지금 말씀해 주십시오. 달마조사가 서쪽에서 오신 뜻이 무엇입니까?"

지한이 그걸 듣고 웃기만 할 뿐 대답하지 않았다.

아마도 지한은 모두들 대답하지 못하고 포기할 것이라고 예상했을 것이다. 질문에 대답한 스님도 대답할 수 없는 질문이라는 걸 알고 있었기 때문에 정면에서 대답하지 않고 영리하게 반문한 것이다.

이미 나무에 올라가 있다면 달마조사가 서쪽에서 온 뜻은 물어서 무엇 할까? 달마조사가 서쪽에서 온 것이 그와 무슨 관계가 있을까? 그는 그저 나무 위에서 나뭇가지를 입에 물고 내려갈 방법이나 찾으면 된다. 그런데 이 영리한 스님은 "달마조사가 서쪽에서 오신 뜻이 무엇입니까?"라고 물었다.

지한은 말없이 웃을 수밖에 없었다. 그가 무슨 말을 할 수 있을까?

깨달음은 거의 모두
생활 속 작은 일에서
스스로 얻을 수 있다.

사람은 생각하는 대로 변한다

부처에 귀의하려면 부처, 불법, 승려, 이 보물 세 가지를 모셔야 한다. 부처는 외부 우상이나 신일까? 불법은 불경일까? 승려는 중과 비구니일까?

혜능은 "부처란 깨달음[覺]이요, 법이란 바름[正]이며, 승려는 깨끗함[淨]이다."라고 해석하고 "불경에서는 자신의 부처에 귀의하라고 했지 다른 부처에 귀의하라고 하지 않았다."라고 말했다.

그의 말은 외부 우상이나 신이 존재하지 않으며 우리가 절하는 것은 우리 자신에게로 돌아가 우리 본성 속에서 부처를 발견하기 위한 것이라는 의미다. 부처가 우리 본성 속에 있으므로 자기 생명을 자신에게 맡기기만 하면 부처에게 귀의할 수 있다.

혜능은 "우리는 자기 색신(육신)의 청정법신불에 귀의하고, 자기 색신의 천백억화신불에 귀의하며, 자기 색신의 당래원만 보신불에 귀의한다."라고 했다. 혜능의 말을 한마디로 정리하면 우리 자신의 마음속으로 돌아간다는 것이다. 그렇다면 귀의란 우리가 어떻게 자기 마음으로 돌아가는지, 우리 마음이 어떻게 '움직이는지'의 문제가 된다.

청정법신불에 귀의하는 것은 심리 문제가 된다. 사람은 생각하는 바를 행동으로 옮긴다. 혜능은 나쁜 일을 생각하면 나쁜 일을 하게 되고, 선한 일을 생각하면 선한 일을 하게 된다고 했다. 그러므로 청정법신불에 귀의하는 것은 '선하지 않은 마음과 선하지 않은 행동'을 없애는 것이다.

또 사람은 생각하는 대로 변한다. 머릿속에 악한 생각이 가득 찬 사람은 그가 있는 곳이 지옥이 되고, 머릿속에 선한 생각만 있으면 그가 있는 곳이 천당이 된다. 남을 해치도록 행동하면 짐승이 되고 자비롭게 행동하면 보살이 된다. 그러므로 자신이 스스로를 구도하는 것인데, 이것이 바로 천백억화신불에 귀의하는 것이다.

마지막으로 우리 내세는 현재 우리가 생각하고 행동하는 것

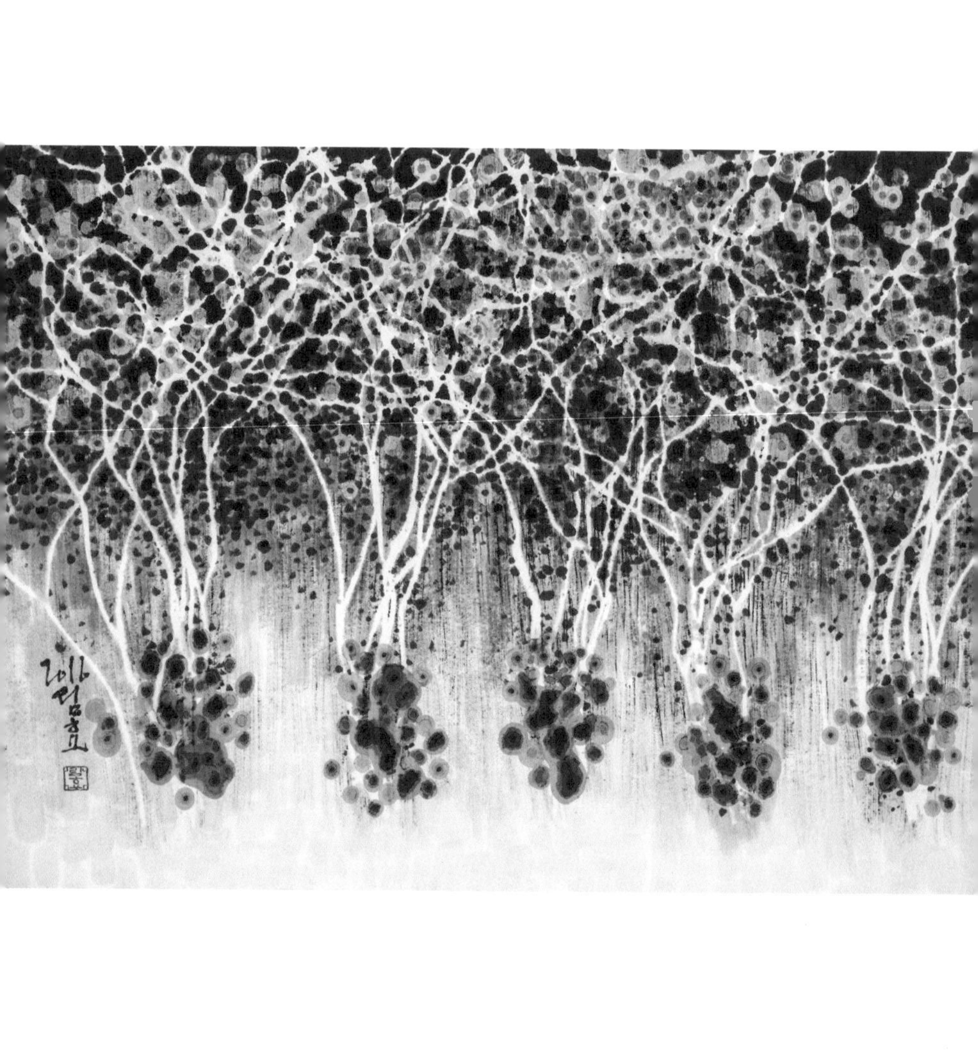

으로 결정된다. 악한 생각 하나가 천년 동안 쌓인 선한 업보를 무너뜨릴 수 있고, 선한 생각 하나가 천년 동안 쌓인 악연을 없앨 수 있다. 이것이 바로 당래원만보신불이다. 당래원만보신불에 귀의한다는 것은 스스로 깨닫고 스스로 수행한다는 뜻이다.

요컨대 부처에게 귀의하는 것은 곧 자기 자신에게 귀의하는 것이자, 자기 본성에 귀의하는 것이다.

사람은 생각하는 대로 행동하고 변한다.
나쁜 일을 생각하면 나쁜 일을 하게 되고
선한 일을 생각하면 선한 일을 하게 된다.

울타리에 얽매이지 않는다

_편견과 선입관에서 벗어나는 힘

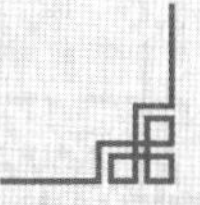

지식은 객관적으로 존재하는 정보와 가공되지 않은 소재이고, 지혜는 현상을 통해 본질을 꿰뚫어 보는 능력이다. 아는 것은 많지만 평생 지식을 습득하는 데만 몰두해 훌륭한 인격을 갖추지 못하는 사람들도 있다. 그들은 글이라는 틀에 얽매여 더 아름답고 활기찬 세상이 있다는 것을 알지 못한다. 우리는 마음으로 그 세상을 듣고 보고 생각해야 한다.

지식이 아니라 지혜가 중요하다

혜능은 까막눈이었다. 중국 문화에 지대한 영향을 미친 사람이 까막눈이었다는 사실을 이해하기 힘들 것이다. 그래서 어떤 이들은 혜능이 전기적 인물임을 강조하기 위해 꾸며 낸 허구라고 말하기도 한다.

글도 모르는 사람이 문화사에 이정표 같은 업적을 남긴 것은 동서고금을 막론하고 찾아보기 힘들다. 하지만 그가 까막눈이었다는 이야기는 아마 사실일 것이다.《육조단경》을 비롯해 거의 모든 문헌에 공통적으로 기록되어 있기 때문이다.

여기에서 사실을 두 가지 지적할 수 있다. 우선 혜능이 살던 시대에는 교육이 보편화되지 않아 글을 모르는 사람이 많았다.

그러므로 혜능이 까막눈이었던 것도 시대 현상으로 이해할 수 있다. 그다음으로 더 중요한 사실이 있다. 사람들이 혜능이 까막눈이라는 사실을 받아들이지 못하는 것은 우리에게 문자가 곧 지식이자 지혜라는 선입견이 뿌리박혀 있기 때문이다.

하지만 문자와 지식, 지혜 사이에는 필연 관계가 없다. 비구니 무진장이 "글도 모르는데 어떻게 뜻을 이해하는가?"라고 묻자 혜능은 "부처의 오묘한 이치는 글과는 상관이 없습니다." 라고 대답했다.

인류는 문자라는 매개체가 탄생하기 수천 년 전부터 존재했다. 문자가 생겨나기 전까지 사람들은 입과 귀로 지식과 지혜를 전했다. 그러므로 문자가 지식과 지혜를 전하는 유일한 수단이 아니다.

물론 글을 읽을 줄 알면 지식을 더 쉽게 습득할 수 있지만 그렇다고 글을 아는 사람이 모르는 사람보다 더 지혜로운 사람은 아니다. 지식은 객관적으로 존재하는 정보와 가공되지 않은 소재이고, 지혜는 현상을 통해 본질을 꿰뚫어 보는 능력이다. 아는 것은 많지만 평생 지식을 습득하는 데만 몰두해 그저 방대한 정보 속에 파묻혀 있을 뿐 훌륭한 인격을 갖추지 못하는 사람들도 있다.

옛날에 한 부자가 오랫동안 집을 비우면서 아는 것이 많은 지자(智者)에게 자기 집을 대신 관리해 달라고 하고 하인들에게는 무슨 일이든 그의 말에 따르라고 당부했다. 지자는 난생 처음 보는 화려한 저택에 감탄하며 부잣집을 관리하는 동안 실컷 호사를 누리기로 마음먹었다.

그런데 소변을 보러 변소에 가 보니 저택에 비해 변소가 좁은 것이었다. 그는 곧장 하인들을 불러 변소를 더 크게 만들라고 시켰다. 그날부터 그는 먹지도 자지도 않고 변소 확장 공사에만 매달려 바쁘게 일했다. 얼마 후 변소 공사가 다 끝나기도 전에 집주인이 돌아왔다.

지자가 그제야 후회하며 "당신이 없는 동안 변소 공사에 몰두하느라 화려한 저택을 제대로 누려 보지도 못했군요. 정원의 꽃, 풀, 대나무, 바람, 달빛 그 어느 것도 감상하지 못했는데 당신이 돌아왔으니 나는 떠나야겠군요."라고 말했다. 결국 그는 자신의 누추한 집으로 돌아와 우울하게 세상을 떠났다.

우리 주변에서 지식인으로 불리는 사람 중에 이 지자 같은 이들이 많다. 그들은 글이라는 틀에 얽매여 수많은 '변소 공사'에 심혈을 기울일 뿐 글이 만든 울타리에서 벗어나면 더 아름답고 활기찬 세상이 펼쳐져 있다는 것을 알지 못한다. 우리가 마음으로 그 세상을 듣고 보고 생각하지 않으면 문자는 지식의 굴레가 되어 우리의 상상력과 창의력을 꽁꽁 묶어 버린다.

김용의 무협 소설《협객행》을 보면 수천 년 동안 고수 수백 명이 해석하지 못했던 이백의 시를 까막눈 석파천이 해석한다. 글을 모르니 글자의 의미에 구속되지 않고 마음이 움직이는 대로 바라보았기 때문에 가장 단순한 궁극의 이치를 발견할 수 있었던 것이다.

틀에 얽매이지 말고
울타리에서 벗어나라.
더 아름답고 활기찬 세상이
펼쳐져 있다는 것을 발견할 수 있다.

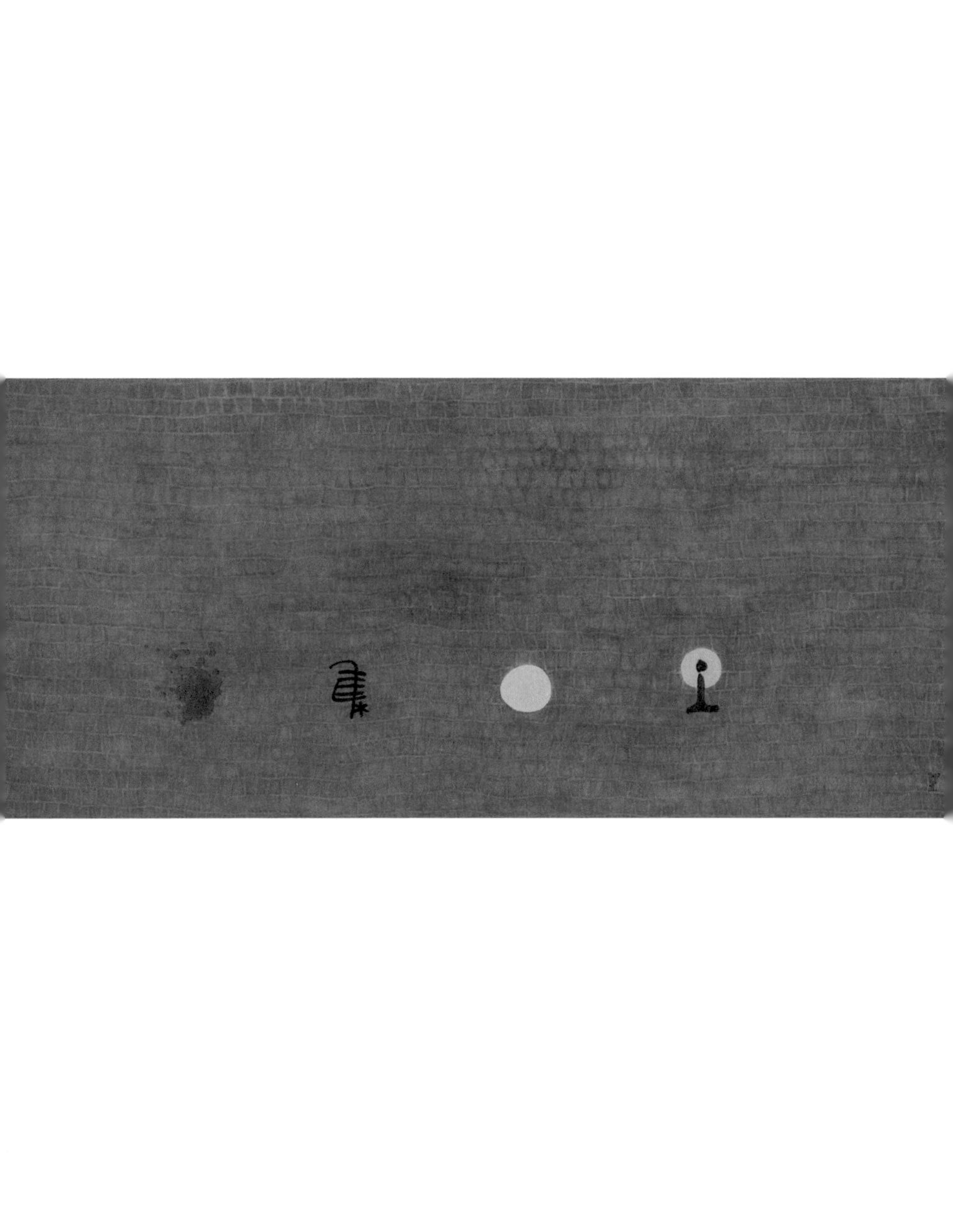

상식은 반드시 옳은가

우리는 상식을 아무런 의심 없이 받아들인다. 하지만 한 걸음 더 들어가서 생각해 보면 우리가 상식이라고 부르는 것 중에 이치에 맞지 않는 것이 많고, 상식이 오히려 우리의 시야를 방해하고 있음을 발견할 수 있다.

한번은 우두종의 혜충선사가 제자들에게 아주 당연하게 들리는 질문을 했다.

"성 밖 풀이 무슨 색이냐?"

한 제자가 대답했다.

"노란색입니다."

혜충선사가 어린아이를 불러다가 똑같이 질문하자 어린아이가 "노란색입니다."라고 대답했다.

그러자 혜충선사가 제자들에게 말했다.

"너희들의 식견이 어찌 어린아이의 것을 넘지 못하느냐?"

"그럼 성 밖 풀이 무슨 색입니까?"

"하늘의 새를 보았느냐?"

"무슨 말씀을 하시려는 것인지 잘 모르겠습니다. 가르쳐 주십시오."

"앞으로 가거라!"

제자들이 어리둥절해하며 앞으로 걸어가자 혜충이 웃으며 말했다.

"오늘은 돌아가고 다음에 다시 오거라."

다음 날 제자들이 또 찾아와 어제의 문답을 설명해 달라고 하자 혜충이 말했다.

"스스로 깨달아야 하느니라. 스스로 깨닫지 못하면 설명해 주어도 깨달을 수 없다."

혜충은 제자들이 상식을 초월해 더 넓고 깊은 본질을 볼 수 있도록 일깨워 주려고 했던 것이다. 성 밖 풀은 물론 노란색이다. 하지만 봄에는 무슨 색일까? 하늘 위 새는 날아가면서 어떤 흔적을 남길까? 깊이 생각해 보면 사물의 본질은 모두 '공'이라는 사실을 깨닫게 된다.

풀에 관한 또 다른 일화가 있다. 하루는 경저선사를 찾아간 동산선사의 제자에게 경저선사가 물었다.

"동산선사께서 그대들에게 어떤 가르침을 내리셨는가?"

"하안거가 끝난 뒤 저희에게 늦여름과 초가을 사이에 동쪽이든 서쪽이든 사방 만리에 풀이 없는 곳으로 수행을 떠나라 하시고는 저희에게 '사방 만리에 풀이 없는 곳은 어떻게 가는가?' 하고 물으셨습니다."

"누가 대답했는가?"

"아무도 대답하지 못했습니다."

"어째서 '문을 나서면 모두 풀'이라고 대답하지 못했느냐?"

경저선사의 이 말은 밖에서 진리를 추구하려고 하면 곳곳이 잡초 덤불이지만 마음을 차분히 가라앉히고 자기 안에서 구한다면 문턱이 사라지고 한 발만 나가도 사방 만리에 풀이 없는 곳이라는 뜻이다. 그러니 동쪽이든 서쪽이든 멀리 떠날 필요가 있을까?

밖에서 진리를 추구하려고 하면
곳곳이 잡초 덤불이지만
자기 안에서 구한다면
한 발만 나가도 풀이 없는 곳이다.

스스로 깨달으라

선천 원년(712년) 7월 6일, 혜능이 제자들을 신주 국은사로 보내 보은탑을 세우게 했다. 그때 방변이라는 스님이 쓰촨에 찾아와 진흙으로 사람 형상을 빚는 재주가 있다며 보은탑을 세우는 데 참여하겠다고 했다.

혜능이 말했다.

"그럼 한번 빚어 보아라."

방변이 혜능의 깊은 뜻을 이해하지 못하고 진흙을 열심히 빚어 혜능과 비슷한 인형을 만들었다. 혜능이 그걸 보고 담담하게 말했다.

"그대는 진흙의 성질을 잘 알지만 불성은 모르는구나."

혜능이 옷으로 후하게 삯을 쳐주자 방변이 고맙다고 인사하고 돌아갔다.

혜능은 방변에게 깨달음을 얻을 기회를 주었지만 방변이 그걸 놓친 것이었다. 혜능이 진흙을 빚어 보라고 한 이유는 방변을 근본 질문으로 유도해 스스로 깨닫게 하기 위해서였다.

사람을 진흙으로 빚을 수 있을까? 사람 본성을 진흙으로 빚을 수 있을까? 외형이 똑같다고 해서 진흙 인형을 그 사람이라고 할 수 있을까?

하지만 방변은 진흙을 빚어 보라는 혜능의 말을 글자 그대로 받아들이고 진흙 인형을 만드는 데만 열중했다. 그가 빚어낸 인형은 혜능과 매우 비슷했지만 혜능은 그가 불성을 이해하지 못했다는 것을 알고 그냥 돌려보냈던 것이다.

이것은 불성을 깨닫게 하는 혜능의 특별한 방법이었다. 그는 강당에서 장황하게 불경을 해석하고 이치를 설명하는 대신 일상생활에서 갑자기 요점을 지적하며 제자들이 스스로 깨닫도록 유도하는 방식으로 제자들을 가르쳤다. 이런 방법으로 불법

을 가르치려면 스승도 훌륭해야 하지만 제자도 스스로 깨달을 수 있는 지혜를 가지고 있어야 했다.

진흙 인형을 사람이라고 할 수 있을까?
사람 본성은 진흙으로 빚어낼 수 없기에
단지 외형이 똑같다고 해서는
진흙 인형을 사람이라고 할 수 없다.

형식에 집착하지 말라

우상은 우리 마음이 만들어 낸 환상이다. 사람이 우상을 만드는 것은 보호받기 위해서다. 날마다 입으로 "보살님이 보우하사, 보살님이 보우하사."라고 읊으면 정말로 보살이 우리를 보호해 줄 수 있을까?

그렇게 읊기만 해도 보호받을 수 있다면 보호받지 못하는 사람도 없고 이 세상에는 고통과 불행이 없을 것이다. 하지만 이 세상에는 고통이 끊이지 않고 있다.

진심을 다해 기도해야 보호받을 수 있다면 그것은 보살이 보호해 주는 것이 아니라 자기 스스로 보호하는 것이다.

달마가 말한 '확연무성(모든 분별이 사라지고 텅 비어 있는 상태에서는 성스러운 것이 없다)'과 혜능이 말한 '귀의자성삼보(자기 본성 안에 있는 보물 세 가지에 귀의하다)'는 짧지만 심오한 뜻을 담고 있는 말로 한순간에 우리 마음을 탁 트이게 한다.

불경도 없고 우상도 없지만 깨달음을 얻었다면 그는 스스로 부처가 된 것이고, 깨달음을 얻지 못하고 여전히 어둠 속에서 헤매고 있다면 그는 우매한 중생이다.

이 세상을 들여다보면 형태가 있는 것들은 원래 공통된 본성이 있지만 인연과 깨달음 정도에 따라 형태가 각각 달라진 것이다. 따라서 그 바탕으로 들어가면 위대함과 평범함의 차이가 없다.

우상의 형식에만 집착하게 되면 우상이 가진 생명력은 사라져 버린다. 예를 들면 공자와 석가모니는 모두 원래 피와 살을 가진 인간이었고 번뇌와 망연함이 그들의 매력을 더해 주었다. 하지만 그들이 동상으로 만들어져 사당 앞에 세워지는 순간 그들 생명 자체의 빛과 색이 완전히 사라지고 메마른 육체만 남았다.

당나라 때 천연선사가 겨울에 추위를 견디지 못하고 나무 불상을 내려다가 불을 피웠다. 절의 주지승이 그것을 보고 꾸짖자 그가 말했다.

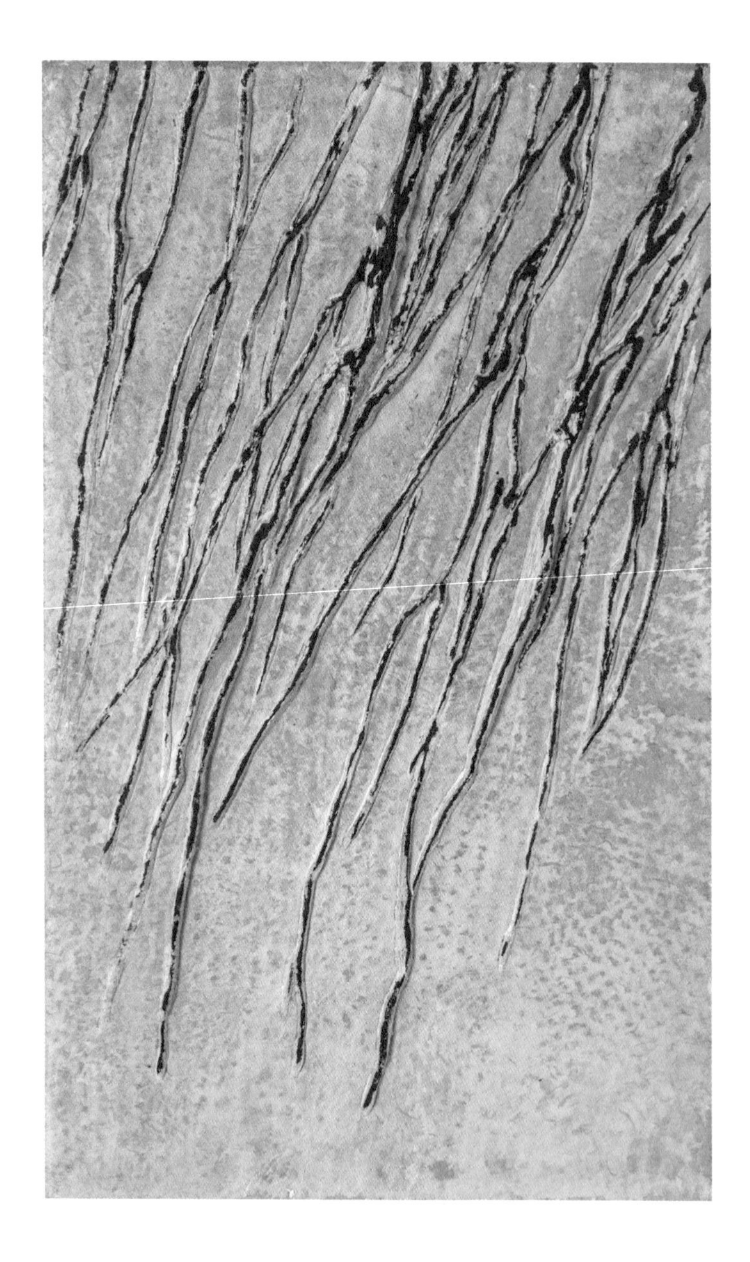

"사리를 얻기 위해 불상을 태운 것입니다."

주지승이 말했다.

"나무로 된 불상에 어찌 사리가 있겠는가?"

그러자 천연선사가 말했다.

"그렇다면 어째서 저를 꾸짖으십니까?"

그가 태운 것은 그저 나무토막에 불과했던 것이다.

형태가 있는 것들은
인연과 깨달음 정도에 따라 다를 뿐
공통된 본성이 있다.
따라서 위대함과 평범함의 차이가 없다.

진정한 공덕을 쌓으려면

독실한 불교 신자였던 양나라 무제는 절을 많이 짓고 많은 승려에게 시주했다. 인도 달마대사가 바다 건너 중국으로 왔다는 소식을 들은 무제는 그를 궁으로 불러 이야기를 나누었다.

"불법의 근본이 되는 성스러운 진리가 무엇입니까?"

무제는 불교를 공부하는 모든 사람이 반드시 거쳐 간다는 가장 기본 질문을 했다. 사람의 깨달음은 인생의 중요성이나 가치를 의심스럽게 생각하는 데서부터 시작되는 법이다.

"텅 비어 있어서 성스럽다고 할 만한 것이 없습니다."

달마가 대답하자 무제는 이상하다는 표정으로 다시 물었다.

"지금 내 앞에 있는 사람은 누구십니까?"

"모르겠소."

달마가 태연하게 대답하자 무제는 화제를 다른 데로 돌렸다.

"내가 왕위에 오른 후 지금까지 절을 짓고 경전과 불상을 만들었습니다. 내게 어떤 공덕이 있습니까?"

무제는 스스로 자신의 공덕이 크다고 생각했다. 불교를 위해 이렇게 많은 일을 했는데 당연히 공덕이 크지 않겠는가?

하지만 달마는 이렇게 대답했다.

"아무런 공덕이 없습니다."

"어째서 공덕이 없습니까?"

"그것은 인간 세상의 작은 과보이므로 마치 그림자가 형체를 따르는 것과 같습니다. 비록 착한 인(因)이 있다고는 하나 실상은 아닙니다."

달마가 보기에 무제의 행동은 세상의 인과였다. 즉, 선한 일을 해서 생긴 선한 과보일 뿐 완전한 해탈은 아니라는 뜻이다.

"그렇다면 진정한 공덕이란 무엇입니까?"

"청정한 지혜는 오묘하고 원만하여 원래 본체가 비었고 고요합니다. 이런 공덕은 세속적 방법으로는 얻을 수 없습니다."

그 말에 무제의 낯빛이 바뀌었다. 무제는 달마의 말이 자신과 너무 멀다고 생각해 더 이상 그와 말하지 않았다. 달마도 무제와 인연이 맞지 않는 것을 알고 그해 10월 19일 조용히 강을 건너 북쪽으로 올라갔다. 훗날 위자사가 무제는 절을 짓고 승려들에게 시주했는데 달마조사는 어찌하여 그에게 공덕이 없다고 했는지 이해할 수 없어 그 이유를 묻자 혜능이 대답했다.

"달마조사의 말씀이 옳다. 무제의 마음에 그것으로 복을 받으려는 사심이 있었다. 공덕은 자기 마음속에서 구하는 것이다. 공덕을 어찌 다른 사람의 마음에서 얻겠느냐? 자기 본성을 보는 것이 '공'이요, 평등함이 '덕'이니, 생각에 막힘이 없고 항상 본성의 진실함을 보여 주는 것을 공덕이라고 한다."

모든 생각과 마음이 끊어지지 않고 자기 본성에서 멀어지지 않는 것을 공이라 하고, 마음이 한결같고 마음과 행동이 솔직하고 정직한 것을 덕이라고 한다는 뜻이다.

무제는 복과 공덕을 구분하지 못했다. 달마가 이를 일깨워 주려고 했지만 역시 깨닫지 못했으므로 해탈의 길에 오를 수 없었다. 물론 그의 행동이 잘못된 것은 아니었다. 남을 돕고 재물을 내놓은 것은 좋은 일이다. 문제는 무제도 다른 사람들과 마찬가지로 좋은 일을 함으로써 그것의 대가를 얻고자 했기 때문에 최종적인 깨달음을 얻지 못한 것이다.

모든 생각과 마음이 끊어지지 않고
자기 본성에서 멀어지지는 않는 것을 공이라 하고
마음이 한결같고
행동이 솔직하며 정직한 것을 덕이라 한다.

7장

모두 거기에 있다

_본마음을 찾아 가는 여정

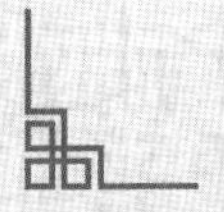

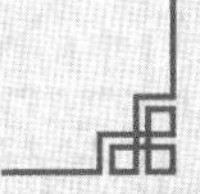

우리 마음이 허공과 같을 수 있다면, 개인적 부와 명예에 집착하지 않고 자신이 아니라 바깥 사람들과 자연을 바라볼 수 있다. 모든 사람에게 자비와 사랑을 보여 줄 수 있고 이익을 둘러싼 다툼에서도 너그럽게 양보할 수 있으며 모든 적에게 관용과 인내를 베풀 수 있다. 또 무엇을 맞닥뜨리든 흔들림 없이 대할 수 있고 세상이 아무리 소란해도 고요함을 듣고 평온해질 수 있다.

자신의 마음부터 들여다보라

혜흔본《육조단경》에 따르면, 혜능은 홍인선사와 헤어져 남쪽으로 돌아온 뒤 화이지와 쓰후이 일대의 산속에서 몇 년 동안 은거했다.

의봉 원년(676년) 혜능이 광저우 법성사에 있을 때 마침 인종법사가 그곳에서《열반경》을 가르치고 있었다.

어느 날 밤 절에서 두 승려가 논쟁하고 있었다. 바람이 불어 문 앞에 있는 깃발이 흔들리자 한 승려는 깃발이 스스로 흔들리는 것이라고 하고, 다른 승려는 바람이 흔들리는 것이라고 했다. 또 다른 판본에서는 세 번째 승려가 깃발과 바람의 인연 때문에 흔들리는 것이라고 말한다.

다툼이 계속되자 옆에서 듣고 있던 혜능이 말했다.

“흔들리는 것은 바람도 깃발도 아니오. 바로 스님들의 마음이오.”

인종법사가 우연히 그의 말을 듣고 깜짝 놀라 그를 안으로 들어오게 했다. 인종법사는 혜능이 홍인선사의 제자라는 것을 알고 그가 머리를 깎고 정식으로 출가하도록 해 주었다. 정식으로 승려가 된 혜능은 조계로 돌아가 입적할 때까지 계속 그곳에서 불법을 전했다.

“흔들리는 것은 바로 그대의 마음이다.”

혜능의 이 말은 상대가 지금 당장 자기 마음을 들여다보게 했다.

바람과 깃발이 흔들리는 까닭은 우리 마음이 흔들리기 때문이고, 모든 외부 현상도 우리 마음이 흔들리기 때문에 나타난다. ‘자기 마음으로 돌아가는 것’은 불교의 기본 교리다. 모든 상황, 모든 기쁨과 슬픔은 우리 자신의 마음에서 비롯된다.

중요한 것은 우리 마음이 어떻게 움직이느냐에 있다. 욕망을

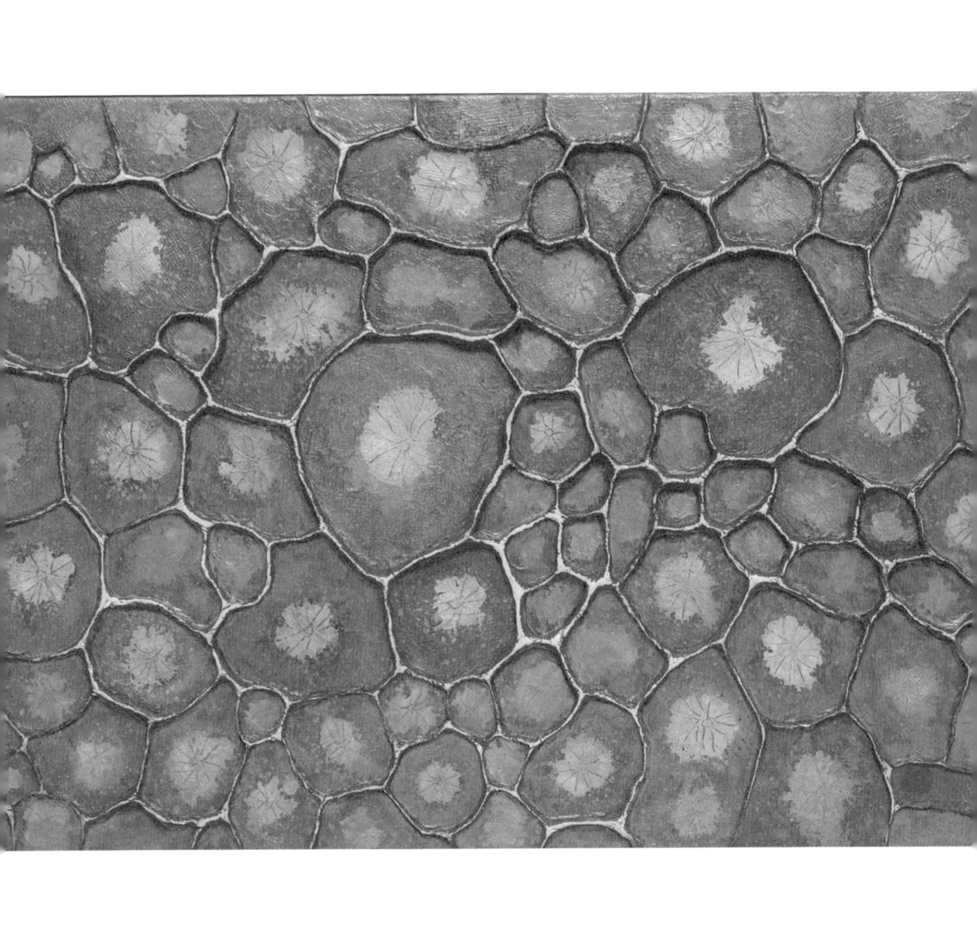

해결하고 싶다면 그 욕망을 계속 충족시키는 것이 아니라 마음을 바꾸어야 하고, 해탈을 얻고 싶다면 육신 수련이 아니라 영혼의 깨달음에 힘써야 한다. 인생의 근본 문제를 해결하고 고통에서 벗어나고 싶다면 자기 마음을 움직여야 한다.

"흔들리는 것은 그대의 마음이다."

이 말을 마음이 흔들려서 바람이나 깃발이 흔들린다는 뜻으로 잘못 이해하기 쉽다. 마음이 흔들리지 않으면 바람과 깃발도 흔들리지 않는다는 의미가 아니다. 바람과 깃발이 흔들리는 것은 객관적 사실이다. 마음이 흔들리지 않아도, 심지어 우리가 죽어도 바람과 깃발은 흔들릴 것이다.

또 우리가 살아 있는 한 마음이 흔들리지 않을 수는 없다. 중요한 것은 흔들리는 마음과 흔들리는 깃발, 흔들리는 바람이 만났을 때 우리 마음을 어떻게 움직일 것인가에 있다.

"흔들리는 것은 그대의 마음이다."라는 말의 진정한 뜻은 외부 현상에 얽매이거나 외부의 것에 자기감정을 휘둘리지 말고, 자기 본모습으로 돌아가서 자기 마음이 주체가 되도록 하라는 뜻이다.

"우리를 혼란에 빠뜨리는 것은 사건 자체가 아니라 사건을 대하는 우리의 해석이다."라는 로마 철학자 에픽테토스의 말도 근본적으로 같은 맥락이다.

중요한 것은 마음이다.
인생의 근본 문제를 해결하고
고통에서 벗어나고 싶다면
자신의 마음을 움직이라.

밝고 분명한 마음은 이미 있었다

달마대사가 중국에 와서 선종을 창시한 후 최고의 선사라고 불린 방온이 딸 영조에게 물었다.

"옛사람이 말하기를, '밝고 분명한 풀 백 가지 끝에 밝고 분명한 조사의 뜻'이라고 하였는데 너는 어떻게 생각하느냐?"

영조가 대답했다.

"연세도 많은 분이 어떻게 그런 말을 하십니까?"

"그럼 너라면 어떻게 말하겠느냐?"

"밝고 분명한 풀 백 가지 끝에 밝고 분명한 조사의 뜻이지요."

총명한 영조는 모든 것을 밝고 분명하게 알고 있었다.

그런데 모든 것이 밝고 분명해도 희운선사가 말한 '할 일 없는 사람'보다는 못하다.

희운선사는 설법할 때 제자들에게 딱 한마디만 했다.

"아무 일도 없으니 모두 돌아가거라."

마음이 밝고 분명한데 무슨 일이 있겠는가? 이미 자신에게 모든 것이 다 있는데 무엇이 필요하겠는가?

남종 종심선사가 문원이 불당에서 절하고 있는 것을 보고 막대기로 때리며 물었다.

"무엇을 하고 있느냐?"

문원이 대답했다.

"부처님께 절하고 있습니다."

"절은 해서 무엇하느냐?"

"부처님께 절하는 것은 좋은 일입니다."

"좋은 일도 일이 없는 것보다 못하느니라."

마음으로 철저히 깨닫지 못하면 좋은 일이 나쁜 일보다 더 마음의 평정을 해쳐 우리가 인생의 본모습을 보지 못할 수 있다. 이런 상황에서 부처가 무엇을 도와줄 수 있겠는가?

훗날 선종의 4대 조사가 된 도신선사가 3대 조사 승찬선사에게 해탈의 방법을 가르쳐 달라고 했다.

승찬이 말했다.

"무엇이 너를 옭아매고 있느냐?"

도신선사가 곰곰이 생각에 잠겼다가 이내 그 뜻을 깨달았다.

그렇다. 누가 당신을 옭아매고 있는가? 우리는 처음부터 자유로운 해탈의 상태였다.

곤경이 우리를 옴짝달싹하지 못하게 옭아매고 있는 것처럼 보일 것이다. 일, 가정, 자신이 싫어하는 사람과 일, 원치 않는 불행에 둘러싸여 벗어날 수 없는 것처럼 느낄 것이다.

하지만 마음을 차분히 가라앉히고 자기 내면의 본성으로 돌아간다면 자신을 꽁꽁 묶고 있는 것처럼 보였던 올가미가 사실은 작은 깨달음만으로도 훨훨 떨쳐 낼 수 있는 것임을 알게 될 것이다.

마음속으로 깨닫고 발견할 때 인생이 비로소 아름다워진다.

아름다움은 원래 그곳에 있었다. 길가의 집도, 나무도, 강도, 찻잔도 모두 거기에 있었다. 우리가 그것을 보지 못하고 그 속에 숨은 아름다움을 느끼지 못했던 것이다.

당신은 느끼지 못할지도 모르지만, 우리에게는 그 아름다움을 발견하고 감상할 수 있는 마음이 있다. 그 마음이 처음부터 우리 가슴속 깊숙한 곳에 있었다. 그런데 왜 그런지는 모르지만 우리가 그 마음을 자꾸만 잊어버린다.

무엇이 우리를 옭아매는가?
마음을 가라앉히고 본성으로 돌아간다면
올가미를 훨훨 떨쳐 낼 수 있다.

눈으로 보는 것에 영향받지 말라

어느 날 검술 고수 소리마치 무카쿠가 깊은 산에 들어갔다가 절벽을 만났다. 좁은 외나무다리가 골짜기 너머 맞은편 절벽으로 이어지고 있었다. 다리 밑은 천 길 낭떠러지였다. 몇 발짝 내딛어 보니 현기증이 나고 심장이 두근거려 건너지 못하고 다시 돌아왔다.

그런데 그때 한 장님 노인이 지팡이를 짚고 천천히 걸어오더니 조금도 주저하지 않고 외나무다리를 성큼성큼 건너는 것이었다. 그는 태연한 걸음걸이로 금세 맞은편 절벽에 도착했다.

소리마치 무카쿠는 노인을 보고 깨달았다. 외부 세계의 그 어떤 모습에도 마음이 흔들리지 않으면 자기 능력을 마음껏 발휘할 수 있다는 사실이었다. 그는 검을 등 뒤에 꽂고 눈을 질끈 감은 뒤 외나무다리로 올라갔다. 다리 아래 낭떠러지가 보이지 않자 마음속이 환해져 무사히 다리를 건널 수 있었다.

소리마치 무카쿠는 이 일로 크게 깨달았다. 상대와 싸울 때도 눈이 큰 장애가 된다는 사실이다. 검도의 가장 높은 경지는 '눈으로 보지 않는' 검도였다. 눈으로 보는 것에 영향받지 않기 때문에 자기 본래 기량을 마음껏 발휘할 수 있다.

한 과학자가 땅콩이 든 유리병을 원숭이 앞에 놓자 원숭이가 땅콩을 꺼내려고 유리병을 마구 흔들어 댔다. 병뚜껑만 열면 땅콩을 쉽게 꺼낼 수 있었지만 원숭이는 뚜껑을 열면 된다는 사실을 발견하지 못했다. 원숭이가 흥분해서 땅콩만 뚫어져라 쳐다보았기 때문이다.

어떤 문제가 닥쳤을 때 눈앞 문제를 넘어 더 멀리 있는 구름과 산을 쳐다보는 것만으로도 문제 해결법을 발견했던 경험이 한두 번쯤은 있을 것이다.

근본적으로 말해서 우리 눈앞에 있는 모든 것은 허상이다. 보는 각도에 따라 형태가 달라지고, 시간이 흐름에 따라 사물 형태가 시시각각 변하고 사라지기 때문이다. 하지만 눈이 아니라 마음으로 보는 것은 변하지 않는다.

마음으로 바라보면 화려한 영광 뒤에 쓸쓸함이 있고, 그 쓸

쓸함 뒤에 또 영광이 있다는 것을 알 수 있다. 복과 화가 서로 멀리 떨어져 있지 않고 기묘하게 바뀐다는 것을 알고 눈앞 형상에 미혹되어 함부로 기뻐하지도 쉽게 슬퍼하지도 않는다.

우리 마음이 이미 그 형상 속 가장 깊은 곳까지 꿰뚫어 보았기 때문이다. 그 깊은 곳에 무엇이 있을까? 아무것도 없다. 하지만 우리는 이미 모든 것을 다 보았다.

모든 것을 다 보았으므로 눈으로 보이는 것에 흔들리지 않을 수 있다. 그저 보이는 대로 보면 그만이며 외나무다리를 건너는 장님 노인처럼 태연하게 세상을 살 수 있다.

모든 것을 다 보았는데 고작 눈에 보이는 것이 우리를 두렵게 만들 수 있을까? 시선을 조금만 뒤로 밀면 내면의 불안, 초조, 우울함이 연기처럼 사라진다. 날마다 회사에서 치열한 경쟁에 시달리더라도 가끔 고개를 들어 창밖을 쳐다보라. 멀리 펼쳐진 산등성이와 하늘에 떠가는 흰 구름이 보이지 않는가?

눈으로 보는 모든 것은 허상이지만
마음으로 보는 것은 변하지 않는다.
자기 능력과 기량을 마음껏 발휘하려면
눈앞에 보이는 그 어떤 모습에도 흔들리지 말라.

마음을 허공과 같게 하라

우리는 구체적 환경 속에서 구체적인 일과 마주치며 살아간다. 지금 이 순간 사무실에 있을 수도 있고, 길 위에 있을 수도 있으며, 타인과 관계에서 문제가 생겼을 수도 있고, 교통사고를 당했을 수도 있다. 이처럼 날마다 크고 작은 고민과 희로애락이 우리를 찾아온다. 일상의 잡다한 일들 속에서 하루하루 조금씩 기운을 소모하며 살고 있다.

우리는 무언가를 얻으면 기뻐하고, 잃으면 고통스러워한다. '마음이 한없이 넓다'는 혜능의 말은 우리가 시야를 넓혀야 한다는 의미다. 세상은 한없이 광활한데 우리는 그것을 잊은 채 작은 득실에 연연하고 있다.

복작대는 생활에서 벗어나 세상을 둘러보면 그곳에 드넓은 하늘과 대지가 펼쳐져 있다. 시야를 넓히고 한없이 넓은 세상을 바라보면 일상의 잡다한 일이 더 이상 우리 영혼을 갉아먹지 못한다. 시야를 넓히고 시선을 멀리 두고 먼 곳에서 우리가 살고 있는 속세를 바라보면 모든 것이 아주 작고 희미해진다.

거기서 조금 더 깊이 들어가서 자신을 무한한 세상과 융화시키면, 몸도 원래 몸이고 일상도 원래 일상이지만 마음은 지금 이곳을 초월해 허공과 같은 태도로 일상을 관조할 수 있다.

허공과 같은 태도란 무엇일까? 혜능은 이렇게 말했다.

"세계가 모두 다 허공이다. 허공은 모든 것을 포함할 수 있다. 해와 달과 별, 산과 물, 풀과 나무, 악인과 선인, 악법과 선법, 천당과 지옥이 모두 다 허공 속에 있다. 사람들 성품이 텅 빈 것도 이와 같다. 사람 본성 속에 모든 법이 포함되어 있기에 크다고 하는 것이다. 모든 법은 사람 성품 속에 있다. 남의 선악을 보고 모두 버리지 않으면서도 물들지 않으면 마음이 허공과 같은 것이다. 이것이 큰 것이며 이를 '마하'라고 한다."

바꾸어 말하면 자기 몸 바깥 것에 초연한 마음가짐이다. 일반 차원에서 보면 선종도 선악을 구분하고 선을 행함으로써

덕을 쌓으라고 강조한다. 일반 대중에게는 '모든 악을 행하지 말라'는 계율을 지키면 마음이 평온해질 수 있다고 가르친다.

하지만 더 깊이 들어가면 불교의 어느 종파를 막론하고 선악을 포함한 모든 이원론적 구분을 초월한다. 이 점을 오해하고 혜능의 주장이 모순되었다고 말하는 사람들이 있다. "열 가지 선한 것은 천당이다."라며 선한 일만 생각하고 행하고 악한 일은 생각하지도 말라고 해 놓고, 또 한편으로는 "모든 선악을 생각하지 말라."라며 선악을 구분하지 말라고 했다는 것이다.

하지만 혜능의 이 말 두 가지를 두 차원으로 나눠서 이해한다면 모순되지 않는다. 일상 차원에서는 사회에서 보편적으로 인정하는 선악 규칙에 따라 선악을 구분하지만, 일상을 초월한 차원으로 올라가면 선과 악이 모두 실재하지 않는 '공'임을 관조할 수 있다. 근본적으로 볼 때 선과 악에는 경계가 없으며, 자연적 본성 속에는 선도 없고 악도 없다. 우리가 자연스럽게 생각하고 행하면 그것으로 된다.

우리 마음이 허공과 같을 수 있다면, 우리는 유한한 현재에서 무한한 영원으로 뻗어 나갈 수 있다. 우리 마음이 허공과 같을 수 있다면, 우리가 모든 것의 모든 것을 포용할 수 있으므로 그들을 가질까 버릴까 생각할 필요가 없다.

우리 마음이 허공과 같을 수 있다면, 개인적 부와 명예에 집착하지 않고 자신이 아니라 바깥 사람들과 자연을 바라볼 수 있다. 또 모든 사람에게 자비와 사랑을 보여 줄 수 있고 이익을 둘러싼 다툼에서도 너그럽게 양보할 수 있으며 모든 적에게 관용과 인내를 베풀 수 있다.

우리는 항상 남들에게 냉대받고 피해받았다고 푸념한다. 그런데 바꾸어 생각해 보자. 차별과 모욕을 당하는 것이 최고의 정신 수련법일 수도 있다. 차별과 모욕을 당하는 동안 강인한 의지를 기를 수 있고 자존심을 지키며 스스로 강해질 수 있다.

성공한 뒤에 과거에 자신을 멸시했던 이들에게 일일이 복수하는 사람들이 있다. 하지만 지혜로운 사람은 원수에게 고마워한다. 그들이 없었다면 시련 속에서 자신을 담금질하고 인내심을 기를 수 없었을 것이기 때문이다. 또 원수에게 인내, 관용, 자비를 베풀면 자신도 집착과 속박에서 벗어나 아무 두려움도 없는 사람으로 거듭날 수 있다.

우리 마음이 허공과 같을 수 있다면, 우리는 자아의 경계를 초월해 눈에 보이는 것과 보이지 않는 모든 것, 우리와 공존하고 있거나 과거에 존재했던, 또는 미래에 존재할 것들을 관조할 수 있다.

형형색색 세계가 우리 자아의 경계 밖에서 논리도 목적도 없이 어지럽게 운행되고 있다. 이 모든 것을 알고 영욕의 덧없는 부침을 생각한다면 지금 자신이 느끼는 기쁨과 슬픔이 얼마나 하찮은 것인지 깨닫게 된다.

우리의 마음이 정말로 허공과 같을 수 있다면, 무엇을 맞닥뜨리든 흔들림 없이 대할 수 있다. 신회는 이렇게 말했다.

"허공은 본래 변하지 않는 것이다. 허공은 밝음이 왔다고 밝아지고, 어둠이 왔다고 어두워지는 것이 아니다. 어두운 허공이 곧 밝은 허공이고, 밝은 허공이 곧 어두운 허공이다. 비록 밝음과 어둠이 각자 생겨났다가 사라지기는 하지만 허공 자체는 변하지 않는다. 번뇌와 보리(진리) 역시 같은 이치다. 깨달음과 미혹은 다르지만 보리의 본성은 변함이 없다."

우리 마음이 허공과 같을 수 있다면, 세상이 아무리 소란해도 고요함을 듣고 평온해질 수 있다.

시야를 넓히고 한없이 넓은 세상을 바라보면
일상의 잡다한 일들은 무의미해진다.
시야를 넓히고 먼 곳에서 속세를 바라보면
모든 것이 아주 작고 희미해진다.

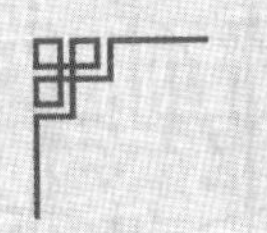
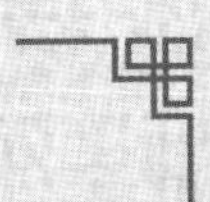

깨달음은 갑자기 눈앞이 환해지는 것이다

_삶의 깨달음을 얻는 이치

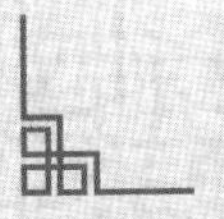
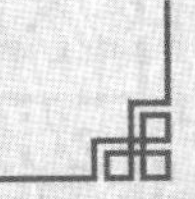

무념이라는 말을 글자 그대로 해석하면 아무 생각도 하지 않는 것으로 오해할 수 있다. 그런데 사람이 어떻게 아무 생각도 하지 않을 수가 있을까? 어차피 사람의 생각은 계속 움직인다. 중요한 것은 어떻게 움직이느냐 하는 것이다. 생각이 어지러운 사람은 외부 형상을 보고 헛된 생각을 한다. 마음이 어떤 사물을 인지하고 느껴도 마음이 그곳에 머무르지 않으면 무념에 도달하게 된다.

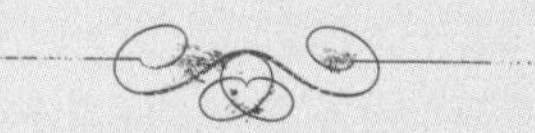

깨달음은 저절로 얻어진다

진정한 고수는 남 앞에서 자기 능력을 드러내지 않기 때문에 남 앞에서 자기 능력을 과시하는 사람은 진정한 고수가 아니라고 했다.

그런데 아무도 능력을 드러내지 않으면 누가 진정한 고수인지 어떻게 판단할 수 있을까? 흔적을 남기지 말 것을 강조하는 선종도 후계자를 선택할 때는 어쩔 수 없이 시험을 치렀다.

홍인선사가 후계자를 선택할 때가 되자 제자들에게 게송을 한 수씩 짓게 했다. 게송을 보고 진정한 깨달음을 얻은 이를 골라내 자신의 가사와 장삼을 물려주며 후계자로 삼겠다는 것이었다.

신수가 그 소식을 듣고 고민에 빠졌다. 깨달은 것을 표현하지 않으면 홍인선사가 자신이 깨달은 것의 깊이를 알 수 없고, 깨달은 것을 표현하자니 후계자 자리를 놓고 속세 사람들과 다투는 것처럼 보일 듯싶었다.

그는 곰곰이 생각하다가 좋은 방법을 생각해 냈다. 모두 자는 밤중에 몰래 나가서 복도 벽에 게송을 써 놓고 자기 이름을 써 놓지 않은 것이다.

몸은 보리수요, 마음은 명경대라
부지런히 털어 내어 먼지가 일지 않게 하리라

홍인선사가 그걸 보고는 "문 앞에 이르렀을 뿐 아직 안으로 들어오지 못했다."라며 철저한 깨달음에 도달하지 못했다고 평가하면서도 "평범한 사람들이 이 게송을 따라 수행하면 타락하지는 않을 것"이라면서 사람들에게 그 게송이 쓰인 벽 앞을 지나갈 때마다 예를 올리고 한 번씩 읽게 했다.

얼마 후 누군가 신수의 게송을 읊고 있는데 혜능이 그걸 듣고 깨달음이 얕다고 여겼다. 그가 그 자리에서 게송 두 수를 짓더니 글을 아는 이에게 그걸 벽에 써 달라고 했다.

보리는 본디 나무가 아니요, 명경 또한 대가 아니라네
본디 아무것도 없는데 어디서 먼지가 일어나리오

마음은 보리수요, 몸은 명경대라
명경은 본디 깨끗하니 어디에 먼지가 있으리오

사람들이 혜능의 게송을 보고 괴이하게 여겼지만 혜능은 아무렇지 않게 방앗간으로 돌아가 계속 방아를 찧었다.

지금까지 많은 이들이 신수의 게송을 과소평가하고 혜능의 게송에 찬사를 보냈지만 사실 신수와 혜능의 게송은 각각 선종의 북종과 남종의 뿌리였다. 두 사람의 게송은 우열을 가려야 할 것이 아니라 깨닫는 방식이 달랐을 뿐이다.

일본 조동종의 승려 누카리야 가이텐은 "혜능의 방식은 돈오에 치중해 오만한 마음을 갖기 쉽고, 신수의 방식은 점진적 수행을 중요하게 여겨 좁은 소견에 빠지기 쉽다."라고 평가했다. 혜능의 게송이 궁극적 깨달음을 논하기는 했지만 신수가 내세운 수행이 없다면 공중누각에 불과하다. 교육적 관점에서 보면 혜능의 방식은 천재들에게 어울리고, 신수의 방식은 평범한 학생들에게 적합하다.

두 사람의 성격을 살펴보아도 혜능은 확실히 천재 기질이 있었고, 신수는 그에 비하면 매우 신중한 성격이었다. 신수는 게송을 지으면서도 이런저런 근심이 많았지만 혜능은 거리낌 없이 자기가 깨달은 대로 지은 뒤에는 남들이 뭐라고 하든 신경 쓰지 않았다. 신수와 혜능 모두 깨달음을 얻은 사람들이었지만, 신수의 깨달음은 수련해서 얻은 것이고 혜능의 깨달음은 자연스럽게 저절로 얻어진 것이었다.

평범한 우리들은 닿을 수 없는 혜능의 경지에 감탄하며 그 오묘한 뜻을 음미하려고 계속 읊조리지만, 신수의 게송은 너무 단순하게 보여 깊이 파고들어 이해하려고 하지 않는다.

하지만 평범한 우리들에게는 그 단순한 것이 가장 필요하다는 사실을 모르고 있다. 어느 선승이 소식(소동파)에게 했던 말처럼, 이치는 단순한 것이지만 그걸 행할 수 있는 사람은 많지 않은 법이다.

평범한 사람에게
가장 필요한 것은 단순함이다.
이치는 단순한 것이지만
그것을 행할 수 있는 사람은 많지 않기 때문이다.

겉모양은 중요하지 않다

신수의 게송은 마음을 거울에 비유하면서 그 거울에 묻은 먼지를 계속 닦아 주어야 한다고 했다. 이런 깨달음의 방법은 어떤 계율과 수련 방식을 지켜야만, 예를 들어 좌선하며 산만한 마음을 차분히 가라앉혀야만 지혜를 얻고 그 지혜를 통해 깨달음을 얻을 수 있다는 것이다. 구체적 방법으로 수련하면서 지혜를 얻고, 또다시 지혜를 얻어 최종적으로 깨달음의 경지에 다다르는 것이 바로 수행 과정인 것이다.

반면 혜능은 선정과 지혜를 구분해 "입으로는 선함을 말하면서 마음은 선하지 않을 수 있다."라고 했다. 형식과 내용이 별개이기 때문이다. 그 반대로 만약 영혼으로 진정한 깨달음을 얻었다면 좌선은 그저 형식에 불과하다.

단지 좌선과 독경만으로는 깨달음의 경지에 다다를 수 없으며, 먼저 자기 영혼 깊숙한 곳에서 공의 이치를 깨달아야만 좌선과 독경이 의미를 지닐 수 있다는 것이 혜능의 창의적 사상이다.

혜능은 선정과 지혜를 별개로 보지 말라고 강조했다. 선정에 들면 지혜도 함께 생겨난다. 선정과 지혜는 차례로 생기는 것이 아니라 동시에 생긴다. 그러므로 지혜가 없는 선정은 그저 앉은 자세일 뿐이고, 선정이 없는 지혜는 그저 빈말이다.

나중에는 이런 불법을 '돈오'라고 하고 혜능의 남종도 '돈교'라고 불렀다. 많은 사람이 돈오를 수행할 필요도 없이 갑자기 깨닫는 것으로 이해하는데, 이는 돈오를 오해한 것이다. 15년간 혜능을 모셨던 제자 회양선사는 훗날 혜능의 돈오를 탁월하게 해석했다.

당나라 때 유명한 선승 마조도일이 깨달음을 얻기 위해 하루종일 좌선했다. 마조도일이 큰 그릇임을 알아본 회양선사가 그에게 물었다.

"무엇을 위해 날마다 좌선하는가?"

"부처가 되려고 합니다."

마조도일이 이렇게 답하자 회양선사는 말없이 허리를 굽혀 벽돌 조각을 주워 들더니 절 앞에 있는 바위에 대고 갈았다.

마조도일이 의아한 표정으로 물었다.

"무엇을 하고 계십니까?"

"거울을 만들려고 하네."

"벽돌을 갈아서 어찌 거울을 만들 수가 있습니까?"

"벽돌을 갈아서 거울을 만들지 못할진대 좌선한들 어떻게 부처가 될 수 있겠는가?"

"그럼 어찌해야 하겠습니까?"

"수레에 소를 매었는데 수레가 가지 않으면 수레를 때려야 하겠느냐, 소를 때려야 하겠느냐?"

마조도일이 대답하지 못하자 회양선사가 말했다.

"그대는 좌선을 배우는가, 좌불을 배우는가? 앉아서 참선하는 것을 배운다고 한다면 선은 앉거나 눕는 데 있는 것이 아니니 그대가 잘못 알고 있는 것이고, 앉은 부처를 배운다고 한다면 부처는 일정한 형태가 있는 것이 아니니 그대가 부처를 잘못 알고 있는 것이네. 쉬지 않고 변하는 존재 속에서 취하거나 버리는 것이 없어야 하네. 그대가 앉은 부처라면 부처를 죽이는 것이지. 앉은 모습이라는 외부 형식에 집착하면 진리에 도달할 수 없기 때문이라네."

마조도일이 이 말을 듣고 가슴이 탁 트이는 것을 느꼈다.

마음속에 진정한 깨달음도 없이 좌선하고 독경하는 것은 벽돌을 갈아 거울을 만들려는 것과 같아서 그것으로는 결코 깨달음을 얻을 수 없다.

혜능은 좌선이나 독경으로 깨달음을 얻으려는 것은 본말이 뒤바뀐 것이라고 했다. 공의 이치를 깨닫지 못하고 생명이 없는 물체처럼 멍하니 앉아만 있다고 무슨 소용이 있을까?

혜능의 게송은 아주 명확한 이치를 담고 있다. 원래 아무것도 없으니 먼지도 없는데 어떻게 먼지를 깨끗이 닦을 수가 있

2016
림효

을까?

근본을 깨달았다면 그것으로 이미 선정과 지혜의 상태에 있는 것이다. 이것은 바로 공의 이치를 깨달았다는 뜻이다. 근본 이치를 깨달았는데 좌선이나 독경 같은 외적 형식이 무슨 필요가 있을까?

깨달음은 점진적 과정이 아니라 갑자기 눈앞이 환해지는 것이다.

마음속에 진정한 깨달음도 없이
좌선하고 독경하는 일은
벽돌을 갈아 거울을 만들려는 일과 같다.
근본 이치를 깨닫는다면 외적 형식은 필요 없다.

하나에 머무르지 않고 움직이게 하라

혜능이 살아 있던 시대에는 '돈오'와 '점수(漸修)', 즉 갑자기 깨닫는 방식과 점진적으로 깨닫는 방식이 대립되지 않았으며 그저 깨달음을 얻는 다른 방법 두 가지로 여겼다.

혜능도 점수를 부정하지 않았다. 그가 반대한 것은 형식에만 치우친 수행이었다. 그는 "불법에는 돈오과 점수의 구분이 없지만 사람에게는 예민함과 우둔함의 차이가 있다. 그래서 우둔한 사람을 만나면 점수의 방식으로 이끌어 주어야 하고, 예민한 사람을 만나면 돈오의 방식으로 이끌어 주어야 한다."라고 말했다.

근본적으로 말해서 이미 깨달았다면 아무런 차이가 없겠지만, 아직 깨닫지 못했다면 가부좌를 틀고 앉아서 참선하든 명상하든 아무 소용이 없으며 여전히 생사 번뇌의 윤회에서 벗어날 수가 없다. 그래서 혜능은 돈오든 점수든 불법이라면 모두 '무념(無念)'을 으뜸으로 놓고 '무상(無相)'을 기둥으로 세우고 '무주(無住)'를 뿌리로 삼아야 한다고 했다.

여기서 '무상'이란 물론 형상이 없다는 뜻이 아니다. 형상이 바로 눈앞에 있는데 어떻게 없다고 할 수 있을까?

바람이 불어서 깃발이 흔들리면 못 본 척할 수 없다. 다시 말해서 감각적으로는 형상을 없앨 수가 없다. 하지만 자신의 태도를 바꾸어 '공'의 마음으로 그것들을 대한다면 그것이 거기에 없는 것처럼 내 마음을 조금도 흔들지 못할 것이다.

이것이 바로 무상이다. 형상을 느낄 수 있지만 또 초월할 수도 있다. 형상 자체는 거기에 있다. 바람이 불어 깃발이 흔들리는 것은 우리가 막을 수 없다. 중요한 것은 어떤 태도로 그것을 대하느냐에 있다. 그것을 즐거운 마음으로 대할 것인지 분노하는 마음으로 대할 것인지는 자기 자신이 결정하는 것이다.

똑같이 바람이 불어도 어떤 사람은 마음이 흔들리고, 어떤 사람은 마음이 평온하다. 그러므로 '무상'에 도달하는 것은 우리가 어떤 힘을 가지고 외부 형상을 없앤다는 뜻이 아니다. 이것으로는 문제를 근본적으로 해결할 수 없다.

한 예로 여름 무더위를 피하기 위해 발명한 에어컨을 들겠다. 결과적으로 어떻게 되었는가? 실내는 시원해졌지만 바깥의 더 넓은 공간은 점점 더워지고 있다.

우리 마음이 평온하다면 날씨가 덥든 춥든 그건 자연을 누리는 것이 된다. 그러므로 '무주', 즉 한곳에 머물거나 집착하지 않는 마음을 가지면 그 어떤 것에도 방해받지 않을 수 있다. 무주 상태에 도달하면 바람이 어떻게 불고 깃발이 어떻게 흔들리든 자기 마음은 흔들리지 않고 본성에 따라 움직인다.

여기에서 근본적 문제가 등장한다.

어떻게 하면 무주의 마음가짐에 도달할 수 있을까? 조금 더 구체적으로 말하자면, 어떻게 해야 깨달음을 얻을 수 있을까?

이 질문에 혜능이 내놓은 해답은 바로 '무념'이다.

무념이라는 말을 글자 그대로 해석하면 아무 생각도 하지 않는 것으로 오해할 수 있다. 그런데 사람이 어떻게 아무 생각도 하지 않을 수가 있을까? 아무 생각도 하지 않을 수 있는 것은 죽은 사람뿐일 것이다. 생명이 있는 한 사람의 생각은 멈출 수가 없다.

어차피 사람의 생각은 계속 움직인다. 중요한 것은 어떻게 움직이느냐 하는 것이다. 생각이 어지러운 사람은 외부 형상을 보고 헛된 생각을 한다. 무념에 도달하는 방법은 눈에 보이면 생각하지만 눈에 보이지 않으면 생각하지 않는 것이다. 마음이 어떤 사물을 인지하고 느껴도 마음이 그곳에 머무르지 않으면 된다.

그 어떤 사물에도 머무르지 않고 마음이 계속 움직이고, 그러면서도 자기 본성에서 벗어나지 않는다면 그것이 바로 무념 상태다.

형상을 느낄 수 있지만
초월할 수도 있는 상태가 '무상'이다.
한곳에 머물거나 집착하지 않고
그 어떤 것에도 방해받지 않는 상태가 '무주'다.
마음이 계속 움직이면서도
자기 본성에서 벗어나지 않는 상태가 '무념'이다.

모든 것은 스스로 보아야 한다

혜능의 제자 지상은 젊었을 때 백봉산에서 대통스님에게 불법을 배웠으나 마음속 의문이 풀리지 않아 조계에 있는 혜능을 찾아와 가르침을 구했다.

"부처님께서 중생을 구도하는 도구 세 가지로 소승, 중승, 대승이 있다고 하시고, 또 최상승이 있다고 하셨습니다. 그런데 저는 이 말씀을 이해할 수가 없습니다. 부디 가르쳐 주십시오."

지상이 묻자 혜능이 대답했다.

"마음을 차분히 가라앉히고 네 마음을 보아야 한다. 남들이 말하는 분별의 도리에 마음을 쓰지 않으면 이치에 그 어떤 차별이 없음을 알게 될 것이다. 중생을 구도하는 이치도 네 가지로 나뉘어 있지 않다. 인간의 마음이 억지로 차등을 네 가지로 두었기 때문에 구도 방법이 네 가지 있다고 한 것이다.

보고, 듣고, 읽고, 외는 것은 하등의 구도 방법(소승)이고, 부처의 말씀과 불경의 뜻을 이해하는 것은 중등의 구도 방법(중승)이며, 부처의 가르침에 따라 수행하는 것은 상등의 구도 방법(대승)이다. 또 모든 이치를 다 통달하고 마음에 담아 더 이상 잡념을 품지 않으며, 어떤 이치에도 구애되지 않고 아무것도 얻지 않는 것이 최상등의 구도 방법(최상승)이다. 최상등의 구도 방법은 최상등으로 행해야 한다. 이는 말로 다투는 것이 아니라 스스로 수행하는 것이므로 나에게 물어서는 안 된다."

제자가 숭혜선사에게 물었다.

"달마조사께서 중국으로 오시기 전에도 중국에 불법이 있었습니까?"

숭혜선사가 답했다.

"오시기 전 일은 잠시 놓아두고 지금 일은 어떠한가?"

"저는 모르겠습니다. 가르쳐 주십시오."

"오랜 세월 변함없는 하늘에 하루아침에 지나가는 바람과 달이다."

제자가 말문이 막혀 아무 말도 하지 못하자 숭혜선사가 다시 물었다.

"알아듣겠느냐?"

"모르겠습니다."

"너 자신의 일이 달마조사가 오는 것과 무슨 관계가 있느냐? 달마조사는 점쟁이와 같아서 네가 모르는 것을 보고 너를 위해 점괘를 뽑아 길흉을 말해 주는 것일 뿐 모든 길흉은 너 자신에게서 생겨나는 것이며 모든 것을 너 스스로 보아야 한다."

숭혜선사의 이 말은 불법은 하늘과 땅처럼 오랜 세월 변함없는 것이어서 달마가 오든 안 오든 변하지 않으며, 선의 깨달음은 우리 자신의 일이므로 자기 자신을 들여다보고 현실을 살펴야 한다는 뜻이다.

자기 자신을 들여다보고
현실을 잘 살펴야 한다.
깨달음은 우리 자신의 일이기 때문이다.

무엇에도 연연하지 않는다

_인생을 대하는 자세

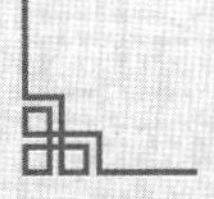

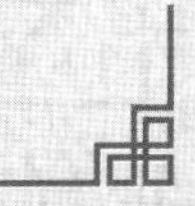

때로는 진정한 질문 하나가 우리 인생을 바꿔 놓기도 한다. 종교적 깨달음이든 창의적 학설이든 과학적 발견이든 모든 것은 의문 하나에서 시작된다. 낮에는 명예와 이익을 좇으며 분주하게 살지만 깊고 조용한 밤에는 자기 자신에게 가만히 질문을 던져 보자. "왜?", "설마?" 같은 근본적 질문을 통해 자신의 본질을 깨닫는다면 지금까지와 완전히 다른 인생을 살게 될 것이다.

지켜도 지킬 수 없다

19세기 프랑스의 유명한 모더니즘 시인 보들레르는 이렇게 말했다.

“인생은 병원. 환자들은 저마다 침대를 바꾸고 싶은 욕망에 사로잡혀 있다. 어떤 사람은 기왕이면 난로 옆에서 신음하기를 바라고, 어떤 사람은 창가 자리로 가면 나으리라 여긴다.”

하지만 그 자신은 “어디든 상관없다. 그것이 다만 이 세상 밖이기만 한다면.”이라고 했다.

또 그는 시 〈여행에의 초대〉에서 “그곳, 모든 것이 질서요,

아름다움이며, 사치, 고요와 환희만이 있는 곳"이라고 했다.

그렇다. 이 세상 밖이기만 하다면 어디든 상관없다.

이 세상에 사는 우리들은 어릴 적부터 재물을 소유하고 싶어 하는 욕망에 물든다. 어린아이도 자기 장난감을 친구가 가지고 놀지 못하도록 숨겨 놓는다. 그럴 때마다 우리가 습관처럼 하는 말이 있다.

"이건 내 거야."

나이를 먹고 자라는 과정은 계속해서 무언가를 모으고 쌓는 과정이라고 해도 과언이 아니다. 태어날 때 아무것도 없었던 우리에게 집이 생기고 생활용품이 생기고, 또 은행 통장과 주식도 갖게 된다.

그러는 사이에 집 문마다 겹겹이 방범 시스템이 설치되고 서랍마다 자물쇠가 달린다. 밖에서는 누가 지갑이나 가방을 훔쳐 갈까 봐 걱정하고, 직장에서는 누가 자기 자리를 빼앗을까 봐 전전긍긍한다.

보들레르의 말처럼 사람의 일생은 병원이다. 하지만 침대를 바꾸고 싶은 욕망은 표면적 고통일 뿐 진정한 고통은 우리가 항상 무언가를 추구하거나 지키려 한다는 사실에 있다.

우리는 인생 중 가장 소중한 시간을 부와 명성을 좇는 데 다 쓰고, 그 뒤에는 그것들을 지키기 위해 또 전전긍긍하고 있다.

얻으려는 것이든 얻은 것을 지키려는 것이든 모두 커다란 번뇌다. 그 과정에서 기쁨을 느낄 수도 있지만 오래가지 못한다. 부와 명성을 아무리 많이 얻어도 죽을 때 가지고 떠날 수는 없다. 그때문에 우리는 항상 잃지도 않고 고민도 없고 죽음도 없는 이상 세계를 꿈꾼다.

부처의 생각이 바로 여기에서 시작되었다.

그는 이 세상에서 가장 부귀하고 화려한 생활을 경험했지만 왕궁 밖에 나가 빈곤, 질병, 죽음을 목도한 후 고민에 빠졌다. 어떻게 하면 이 세상의 번뇌와 고통에서 벗어나 영원한 해탈을 얻을 수 있을까?

바로 이것이 불교의 근본 의제이며, 이를 산스크리트어로 표현한 것이 "마하반야바라밀"이다. 마하반야바라밀이란 속세를 떠나 피안에 도달하는 큰 지혜라는 뜻이다.

승려 혜능도 물론 이 근본 의제와 마주했다.

그가 대범사에서 사람들에게 했던 이야기가 바로 마하반야바라밀법, 즉 피안에 도달하는 방법이었다. 그는 자신의 경험을 들려주고 계(戒), 정(定), 혜(慧)와 무념, 귀의에 대해 이야기한 후 마지막으로 어떻게 피안에 도달할 것인지 이야기했다.

계, 정, 혜든 무념이든 귀의든 우리가 부처에게 귀의하고 불법을 구하려는 목적은 오직 하나, 이 세상의 고통에서 벗어나 영원한 기쁨 속에서 사는 것이다.

부와 명성을 아무리 많이 얻어도
오래가지 못한다.
얻으려는 것이든 얻은 것을 지키려는 것이든
모두 커다란 번뇌일 뿐이다.

모든 변화에 담담하게 대응하라

피안은 '저쪽 기슭'이다. 즉, 이쪽 기슭의 맞은편이자, 이쪽 기슭과 '다른 세상'이다.

부처가 말한 '피안'은 어디에 있을까? 하늘 위에 있을까? 서쪽에 있을까? 그곳에 가려면 어떻게 해야 할까?

혜능은 "피안은 하늘에 있는 것도 아니고 서쪽에 있는 것도 아니며 '다른 세상'에 있는 것도 아니다. 바로 이곳에 있다."라고 했다.

그는 이 이치를 물에 비유해 "물보라가 튀어 오르면 그곳이 바로 피안이고, 물이 길게 흐르면 그곳이 바로 피안이다."라고 했다.

그런데 물고기가 물속을 떠나지 못하듯 우리도 속세를 떠날 수가 없다. 속세를 떠날 수 없는데 어떻게 피안으로 건너갈 수 있을까?

물보라는 어떻게 만들어질까? 바람을 만나든 누군가 물에 돌멩이를 던지든 외부에서 무언가에 부딪칠 때 물보라가 생긴다. 번뇌도 마찬가지다. 목적을 달성하지 못하거나, 자기 것을 잃어버리거나, 어쨌든 우리 마음이 외부의 영향을 받으면 번뇌가 생긴다.

하지만 물보라가 일어도 물속은 조용하고 물의 흐름이 멈추지도 않는다. 존재의 본질도 마찬가지다. 겉으로는 번뇌하고 있어도 모든 존재의 본질은 고요함이자, 절대적 '공'이다.

혜능의 말은 우리가 이쪽 기슭에 단단히 발을 딛고 있어야만 피안에 닿을 수 있다는 의미다.

이쪽 기슭에 단단히 발을 디딘 채 피안에 닿으려면 어떻게 해야 할까? 바로 물보라가 튀어 오를 때 그 생동감 있는 모습 속에서 변치 않는 물의 영원함을 발견해야 한다.

다시 말해, 정신없이 변하는 일상의 사물들 속에서 우리 눈을 어지럽히는 표상을 걷어 내고, 변화의 이면에서 변치 않는 것을 발견한 뒤 그 고요함에 귀를 기울여야 한다. 또 반대로 변치 않는 사물 속에서 변화를 느끼고 그 변화 속에서 무상함을

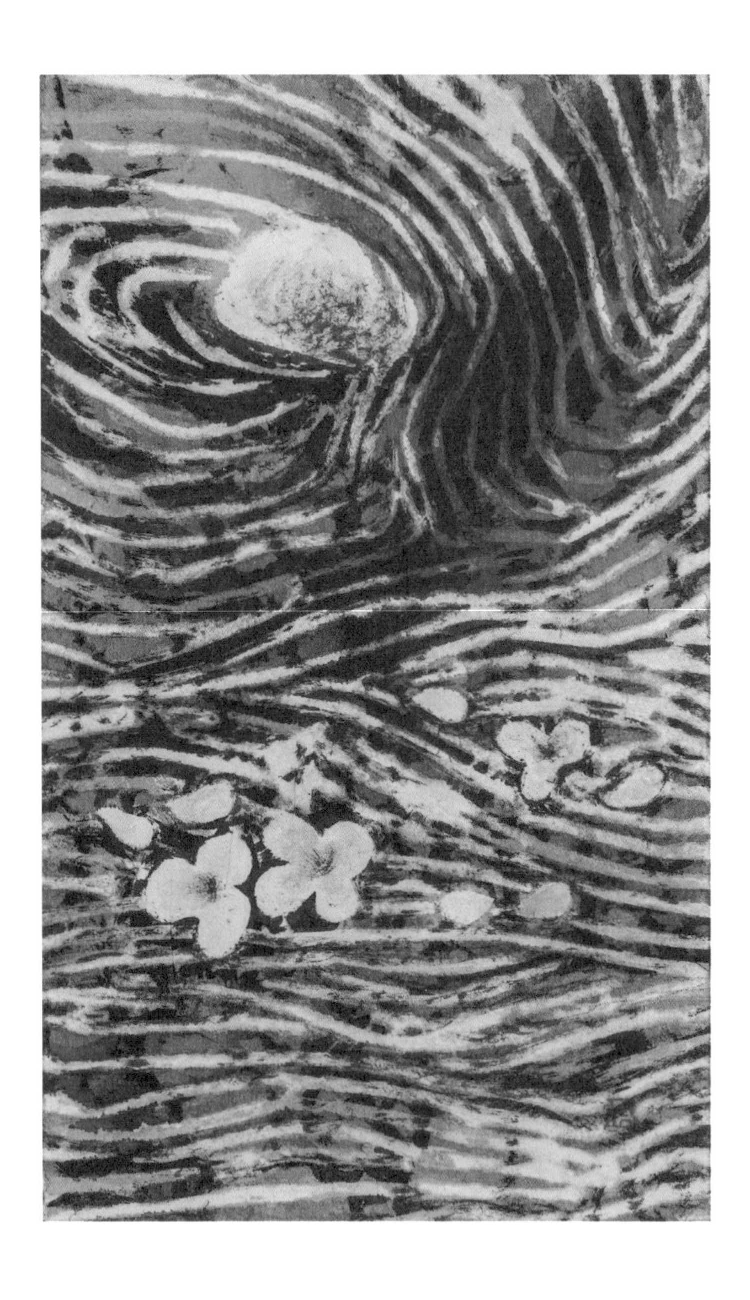

발견해야 한다. 이 모든 변화에 담담하게 대응할 수 있다면 우리가 무엇을 하든, 어디에 있든 평온한 피안에 닿을 수 있다.

물보라가 일어도
물속은 조용하고 물의 흐름이 멈추지 않는다.
겉으로 번뇌하고 있어도
모든 존재의 본질은 고요하다.

바로 이 순간은 무한하다

단도직입으로 말해서 피안에 닿는다는 것은 우리 몸이 실제로 저쪽 기슭으로 건너간다는 의미는 아니다. 피안으로 건너가는 것은 우리 마음이다. 우리 마음으로 깨닫고 모든 현상의 본질을 꿰뚫어 보면 피안에 닿을 수 있다. 깨닫고 본질을 꿰뚫어 보려면 어떻게 해야 할까?

'마하'라는 말에 대한 혜능의 해석이 이 질문을 해결하는 답이 될 수 있다. 마하란 '크다'는 뜻이다. 커야 하는 것은 무엇일까? 우리의 마음이다. 진정으로 해탈하려면 우리의 마음이 얼마나 커야 할까?

혜능은 "마음은 한없이 넓어서 텅 빈 허공처럼 끝없다."라고 했다. 우리 마음이 허공처럼 광활하면 자유자재로 돌아다닐 수 있고 매 순간 일상생활에 충실하면서 그와 동시에 피안에 있을 수 있다.

허공은 얼마나 넓을까? 하늘과 땅만큼 넓을까? 사실 하늘과 땅보다 더 넓다. 끝없이 무한하다.

"마음은 한없이 넓어서 텅 빈 허공처럼 끝이 없다."라는 혜능의 말은 우리를 유한한 현재에서 한순간에 무한한 영원으로 승화시켰다.

우리가 사는 이곳은 모두 유한한 것들뿐이다. 시간도 유한하고 공간도 유한하다. 하지만 바로 이 순간은 무한히 이어진다. 우리가 세속적 계산과 분주함에 매몰된 나머지 매 순간 속에 무한함이 깃들어 있고 그 무한함이 바로 존재의 본질이라는 사실을 잊고 있는 것뿐이다. 만약 우리가 지금 현재를 살면서 무한함을 인식할 수 있다면 우리를 둘러싸고 있는 모든 유한함이 사라질 것이다.

혼자서 산을 옮길 수는 없다. 이것은 유한성이다. 우리는 이 한계를 초월할 수 없는 것처럼 보인다. 하지만 우공은 그렇게 생각하지 않았다. 그는 자신이 산을 다 옮기지 못하고 죽으면 아들이 옮기고, 아들이 다 옮기지 못하고 죽으면 손자가 옮기면 된다고 했다. 손자의 아들, 손자의 손자, 또 손자의 손자의

아들……, 자자손손 무한히 이어질 것이다. 그래서 우공은 포기하지 않고 날마다 산을 옮기기 위해 흙을 퍼다 날랐다.

이 유명한 이야기에 사람들마다 다양한 해석을 내놓고 있지만, 불교 관점에서 본다면 우공은 무한함으로 현재의 고난을 해결할 수 있음을 보여 주었다.

한 사람 일생은 무한한 시간 속 찰나에 불과하겠지만, 그 찰나의 시간을 무한한 과거와 미래의 어느 시점에 놓으면 모든 고난과 기쁨도 사실 대단한 게 아니다. 이 사실을 깨닫는다면 결과에 연연하지 않고 자신에게 닥치는 모든 일을 충실히 수행하며 그것에서 즐거움을 찾을 수 있다.

무한한 시간과 공간을 상상하며 명상에 잠겨 보자. 우리 한 사람, 또 지금 우리에게 닥친 모든 일은 곧 사라져 버릴 점 하나에 불과하다. 무한한 전체 속에서 보이지도 않는 아주 작은 점이다.

과거의 과거, 미래의 미래, 대지 바깥, 우주 바깥에 아득한 허공이 있다. 허공은 영원히 다함이 없다. 그것과 비교하면 지금 우리가 안고 있는 고뇌는 언급할 필요도 없을 만큼 사소한 것이 아닐까?

결과에 연연하지 말고
자신에게 닥치는 일을 충실히 수행하라.
한 사람의 일생은 무한한 시간 속 찰나이므로
고난과 기쁨도 사실은 대단한 것이 아니다.

무엇에도 연연하지 않는 삶

혜능은 임종이 얼마 남지 않자 제자들을 불러 놓고 자신의 죽음을 얘기했다. 그는 자신의 죽음 앞에서 울지 말라고 했다. 불법을 공부하는 사람이 죽음의 본질조차 들여다보지 못하면서 깨달음을 논할 수 없다는 이유에서였다.

혜능이 제자들에게 재차 당부했다.

"최종적 존재는 고요함이다. 죽음은 고요함으로 돌아가는 것이므로 슬퍼할 것도, 기뻐할 것도 없다. 본래 태어남도 없고 사라짐도 없으므로 오는 것도 없고 가는 것도 없다. 불법에 따라 수행한다면 너희들은 나와 부처와 함께 있을 것이고, 불법을 수행하지 않는다면 설령 내가 세상에 있어도 너희가 나와 함께 있지 않을 것이다."

몸이 함께 있는 것은 일시적이지만 마음이 서로 통하는 것은 시간과 공간을 초월한다는 뜻이다. 이 때문에 혜능은 자신이 죽은 뒤 장례도 치르지 말라고 했다.

혜능은 또 불법은 모두 전수했으니 걱정하지 말라고 제자들을 안심시켰다. 혜능 이전에는 후계자에게 가사를 내려줌으로써 불법을 전수했지만 혜능은 그러지 않았다. 아마도 모든 지혜와 진리는 형식이나 규칙이 없어도 시간이 흐름에 따라 저절로 전파되고 발전한다고 생각했던 것 같다. 지혜와 진리가 사람들의 마음속에서 마르지 않는 샘물처럼 계속 넘쳐흐르는데 형식이 무슨 의미가 있겠는가.

둔황본《육조단경》에는 혜능이 선종과 중국 선종의 맥락을 설명했다고 기록되어 있다. 선종으로 치면 석가모니불이 7대, 달마가 35대이며, 혜능 자신이 40대이고, 중국 선종으로 치면 달마가 시조이고 혜능에 이르기까지 조사가 모두 여섯 명 있었다고 했다.

그는 5대 조사가 가사를 내려 줄 때 읊었던 게송을 제자 법해에게 알려 주며 그 게송에 따라 가사는 6대인 자신을 끝으로 더 이상 전해 주지 않을 것이라고 했다.

그런 다음 〈자성견진불해탈송〉이라는 게송을 읊으며 제자들과 작별했는데 마지막 이 게송에서도 분별심 없는 본성이 진정한 부처이며 부처의 경지에 다다르고 싶다면 밖에서 찾지 말고, 남에게 의지하지도 말고, 자기 스스로 깨달아야 한다고 강조했다.

마지막으로 혜능은 제자들에게 절대로 속세 사람들처럼 울지 말고, 사람들의 조문과 돈, 비단을 받지 말며, 상복을 입지 말라고 당부했다.

그날 밤 혜능대사가 입적했다. 속세에서 그의 나이 일흔여섯 살이었다.

몸이 함께 있는 것은
한때이지만
마음이 서로 통하는 것은
시간과 공간을 초월한다.

홍인선사는 혜능이 지은 게송을 읽은 뒤에 크게 칭찬하며 장삼과 가사를 혜능에게 물려주었다. 그러고 나서 불만을 품은 사람들이 그를 해칠까 봐 곧장 남쪽으로 도망치게 했다. 혜능을 주장 역참까지 배웅하고 헤어지며 부처의 도리를 남쪽에 전파해 달라고 부탁했다. 단, 3년 동안은 이름을 떨치지 말고 조용히 은거하라고 당부했다.

혜능은 곧장 남쪽으로 내려갔는데 두 달 뒤 장시와 광둥의 접경 지역 다위링에 도착했다. 수백 명이 장삼과 가사를 빼앗으려고 그의 뒤를 쫓다가 중간에 포기하고 되돌아갔지만 그중 진혜순(혜명이라고도 함)이라는 승려 하나만 포기하지 않고 다

위링까지 그를 쫓아왔다.

진혜순은 3품 장군 출신으로 거칠고 난폭한 사람이었다. 그런데 혜능이 장삼과 가사를 그에게 건네자 그가 받지 않으며 이렇게 말했다.

"저는 옷이 아니라 불법을 구하기 위해 여기까지 왔습니다."

혜능이 산꼭대기에서 불법을 이야기해 주자 진혜순이 곧 깨달음을 얻었고, 혜능은 중생을 교화하라며 그를 북쪽으로 돌려보냈다.

이 대목이 훗날 일부 판본에서 신화처럼 각색되었다. 혜능이 가사와 장삼을 바닥에 던지자 진혜순이 그걸 집어 들려고 했지만 옷이 바닥에서 떨어지지 않았고 진혜순이 크게 놀라며 그때부터 혜능을 따르게 되었다는 것이다.

흥성사본《육조단경》에는 혜능이 "선도 생각하지 않고 악도 생각하지 않을 때 그대의 본모습은 무엇인가?"라는 질문으로 진혜순을 깨닫게 한 것으로 되어 있다. 그러나 말속에 진리를 숨겨 깨닫게 하는 방식은 혜능 시대에는 아직 없었다.

선종 역사서《조당집》에는 그때 혜능이 진혜순에게 이렇게 말했다고 기록되어 있다.

"선도 생각하지 않고 악도 생각하지 않으며 아무 생각도 하지 않을 때가 바로 나의 본모습이다."

이 말이 당시 상황에 조금 더 부합하는 것 같다.

《조당집》과 흥성사본 《육조단경》의 내용이 말하는 방식은 다르지만 의미는 거의 비슷하다. 혜능이 진혜순에게 했던 질문은 혜능의 가장 기본 관념인 '무념'에 대해서였다. 혜능은 훗날 설법할 때도 '무념'을 강조했고, 혜능의 제자 신회는 '무념'을 "유무를 생각하지 않고 선악을 생각하지 않는 것"이라고 했다.

진혜순은 난생처음 듣는 독특한 관념에 시야가 탁 트이고 순간적으로 가장 궁극적인 깨달음을 얻었다.

혜능의 질문이 진혜순을 깨닫게 했듯이 때로는 진정한 질문 하나가 우리 인생을 바꿔 놓기도 한다. 종교적 깨달음이든 창의적 학설이든 과학적 발견이든 모든 것은 의문 하나에서 시작된다.

낮에는 명예와 이익을 좇으며 분주하게 살지만 깊고 조용한 밤에는 자기 자신에게 가만히 질문을 던져 보자. "왜?", "설마?" 같은 근본적 질문을 통해 자신의 본질을 깨닫는다면 지금까지와 완전히 다른 인생을 살게 될 것이다.

때로는 진정한 질문 하나가
우리 인생을 바꿔 놓는다.
자신의 본질을 깨닫고 싶다면
"왜?", "설마?"라고 스스로에게 질문해 보자.

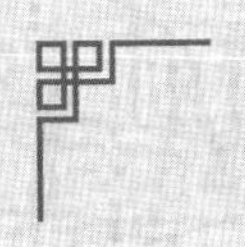

우리말 육조단경 전문

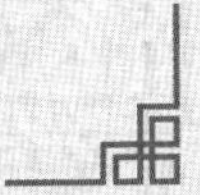
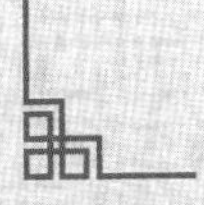

❖

혜능대사가 대범사 강당의 법단에 똑바로 앉아 속세를 초월해 피안에 다다를 수 있는, 깊고 넓고 커다란 지혜와 무상계에 대해 설법하셨다.

그때 스님, 비구니, 일반 백성 1만여 명이 법단 아래에서 경청하고 있었다. 그중 소주자사 위거와 지방 관리 30여 명, 유생 30여 명이 대사에게 속세를 초월해 피안에 다다를 수 있는, 깊고 넓고 커다란 지혜에 대해 가르침을 구했다. 자사는 혜능대사의 제자 법해에게 설법 내용을 모아 기록하게 했다.《단경》을 믿고 의지하며 대사의 뜻을 후대까지 널리 전하여 도를 배우는 사람들이 함께 계승하고 대대로 전수하도록 하기 위함이었다.

慧能大師於大梵寺講堂中, 升高座, 說摩訶般若波羅蜜法, 授無相戒.

其時, 座下僧尼, 道俗一萬餘人, 韶州刺史韋璩及諸官僚三十餘人, 儒士三十餘人, 同時請大師說摩訶般若波羅蜜法. 刺史遂令門人僧法海集記, 流行後代與學道者, 承此宗旨, 遞相傳受, 有所依約, 以爲秉承, 說此《壇經》.

혜능대사가 말씀하셨다.

“그대들이여, 먼저 마음을 깨끗이 하고 오직 피안에 도달할 수 있는 큰 지혜만 생각하라.”

대사께서 말없이 스스로 마음을 가다듬으시고는 한참 후에 말씀하셨다.

“그대들이여, 조용히 들어라. 내 아버지는 본래 하남 범양 사람인데 좌천되어 영남으로 유배당한 후 신주에서 백성이 되었다. 나는 어려서 일찍 아버지를 여의고 어머니와 단둘이 남해로 옮겨 갔다. 가난하게 살며 장터에서 땔나무를 팔아 생계를 유지했다. 어느 날 한 손님이 땔나무를 산 뒤 나를 데리고 집으로 갔다. 땔나무를 손님에게 주고 돈을 받아 밖으로 나가려는데 갑자기 누군가가《금강경》읽는 소리를 들었다. 나는 한 번 듣고 깨달음을 얻은 뒤 불경을 읽고 있는 손님에게 ‘이 경전을 어디서 얻으셨습니까?’ 하고 물으니 손님이 대답하기를 ‘기주 황매현 동쪽의 빙묘산으로 오조 홍인스님을 찾아갔는데 그곳에 제자 수천 명이 있었소. 그곳에서 대사께서 승려와 속인들에게《금강경》한 권만 지니고 읽으면 곧 자신의 불성을 발견하고 깨달음을 얻어 부처가 될 수 있다고 말씀하시는 것을 들었소.’라고 했다. 그 말을 듣고 운명 중에 인연이 있다고 생각하고 곧바로 어머니께 하직 인사하고 황매 빙묘산으로 가서 오조 홍인스님을 찾아뵈었다."

慧能大師言: 善知識, 淨心念摩訶般若波羅蜜法.

大師不語, 自淨心神. 良久乃言: 善知識, 靜聽:慧能慈父, 本貫範陽, 左降遷流嶺南, 作新州百姓. 慧能幼少, 父又早亡. 老母孤遺, 移來南海, 艱辛貧乏, 於市賣柴. 忽有一客買柴, 遂領慧能至於官店. 客將柴去, 慧能得錢, 却向門前, 忽見一客讀《金剛經》. 慧能一聞, 心明便悟. 乃問客曰: "從何處來, 持此經典?"

客答曰: "我於蘄州黃梅縣東馮墓山, 禮拜五祖弘忍和尙, 見今在彼門人有千餘衆. 我於彼聽見大師勸道俗, 但持《金剛經》一卷, 卽得見性, 直了成佛.

慧能聞說, 宿業有緣, 便卽辭親, 往黃梅馮墓山禮拜五祖弘忍和尙.

❖

홍인스님이 혜능에게 물었다.

"너는 어느 곳 사람인데 여기까지 나를 찾아왔으며 내게서 구하려는 것이 무엇이냐?"

혜능이 대답했다.

"제자는 영남 신주의 백성입니다. 지금 멀리서 스님을 찾아온 것은 다른 것을 구함이 아니라 오직 부처 되는 법을 구하려는 것입니다."

홍인스님께서 혜능을 꾸짖으며 말씀하셨다.

"너는 영남 사람이고 또 야만적인 사냥꾼인데 어찌 부처가 될 수 있단 말이냐?"

혜능이 대답했다.

"사람에게는 남북이 있으나 불성에는 없습니다. 사냥꾼의 몸은 스님과 같지 않으나 불성에는 무슨 차이가 있겠습니까?"

홍인스님은 더 함께 이야기하고 싶으나 좌우에 사람들이 있는 것을 보고 더 말씀하시지 않고 혜능에게 허드렛일을 시켰다. 그때 절에 들어와 정식으로 출가하지 않고 허드렛일하는 행자가 있었는데 그가 혜능에게 방앗간에서 방아를 찧게 했다. 혜능은 여덟 달 동안 방아를 찧었다.

弘忍和尙問慧能曰: “汝何方人?來此山禮拜吾?汝今向吾邊, 複求何物?”

慧能答曰: “弟子嶺南人, 新州百姓, 今故遠來禮拜和尙, 不求餘物, 唯求作佛法.”

大師遂責慧能曰: “汝是嶺南人, 又是獠, 若爲堪作佛!”

慧能答曰: “人卽有南北, 佛性卽無南北; 獦獠身與和尙身不同, 佛性有何差別?”

大師欲更共議, 見左右在旁邊, 大師更便不言. 遂發譴慧能令隨衆作務. 時有一行者, 遂差慧能於碓坊踏碓八個餘月.

❖

하루는 홍인스님께서 제자들을 다 불러 말씀하셨다.

“사람이 세상에 살면서 태어나고 죽는 일이 크거늘, 너희들은 종일토록 불, 법, 승 삼보를 공양하며 복을 구하기만 할 뿐 생사의 윤회에서 벗어나기를 구하지 않는다. 너희들의 본성이 미혹한데 무슨 복이 너희를 구할 수 있겠느냐? 모두 방으로 돌아가 스스로 잘 살펴보아라. 지혜가 있는 자는 본성의 지혜로써 게송 한 수를 지어 가져오너라. 내가 게송을 보고 만약 불법의 근본을 깨달은 자가 있으면 그에게 법의를 주어 육조가 되게 할 것이다. 어서 서두르도록 하라."

제자들이 분부받고 각기 자기 방으로 돌아와서 상의했다.

"우리는 마음을 가다듬고 게송을 지어 스님께 바칠 필요가 없다. 신수상좌가 우리의 교수사(教授師)이니 우리보다 깨달음이 훨씬 깊을 것이다. 신수상좌가 법을 얻으면 우리는 그것에 따라 수련하면 된다. 그러니 우리는 게송을 지을 필요가 없다."

이렇게 하여 모두 생각을 쉬며 게송을 지어 바치지 않았다.

五祖忽於一日喚門人盡來. 門人集已, 五祖曰: "吾向汝說, 世人生死事大. 汝等門人終日供養, 只求福田, 不求出離生死苦海. 汝等自性迷, 福門何可求? 汝等總且歸房自看, 有智慧者自取本性般若之智, 各作一偈呈吾. 吾看汝偈, 若悟大意者, 付汝衣法, 稟爲六代. 火急作!"

門人得處分, 却來各至自房, 遞相謂言: "我等不須澄心用意作偈, 將呈和尙. 神秀上座是教授師, 秀上座得法後自可依止. 偈不用作." 諸人息心, 盡不敢呈偈.

❖

홍인스님 방 앞에 있는 복도 세 칸에《능가경》이야기와 달마 대사 이래 다섯 조사의 그림을 그려 공양하여 후대에 전하고자 했다. 화가 노진이 벽을 살펴본 뒤 다음 날 그림을 그리려고 했다.
하지만 신수상좌는 생각했다.

'사람들이 게송을 바치지 않는 것은 내가 교수사이기 때문이다. 나도 게송을 바치지 않으면 홍인스님께서 내 마음속 견해의 깊이를 어찌 아시겠는가? 나의 깨달음을 게송으로 지어 홍인스님에게 올리는 것은 불법을 구하기 위함이지 조사가 되기 위함이 아니다. 조사의 지위를 넘보는 것이라면 속세에서 명리를 좇는 것과 같다. 그러나 만약 마음의 게송을 바치지 않으면 불법을 얻지 못할 것이다. 한참 동안 생각해도 결정을 내리기가 힘들다. 깊은 밤 밖으로 나가 사람들이 보지 않을 때 남쪽 복도의 중간 벽 위에 게송을 써 놓고 법을 구해야겠다. 만약 홍인스님께서 게송을 보시고 당치 않다고 여기시면 내가 깨달음을 얻지 못한 것이니 법의를 받을 수 없을 것이다. 홍인스님께서 어떻게 평가하실지 알 수 없으므로 써 놓고 난 뒤에는 더 생각하지 말자.'

신수상좌가 밤중에 촛불을 들고 남쪽 복도로 가서 중간 벽에 게송을 써 놓았으나 모두 자고 있어 알지 못했다.
게송은 이러했다.

몸은 보리수요, 마음은 명경대라
부지런히 털어 내어 먼지가 일지 않게 하리라

신수상좌가 게송을 다 써 놓고 방으로 돌아왔으나 아무도 보지 못했다.

大師堂前有三間房廊, 於此廊下供養, 欲畵楞伽變相, 幷畵五祖大師傳授衣法, 流行後代爲記. 畵人盧珍看壁了, 明日下手.
上座神秀思維諸人不呈心偈, 緣我爲敎授師. 我若不呈心偈, 五祖如何得見我心中見解深淺?我將心偈上五祖呈意, 求法卽善; 覓祖不善, 却同凡心奪其聖位. 若不呈心中偈, 終不得法. 良久思維, 甚難甚難. 夜至三更, 不令人見, 遂向南廊下中間壁上題作呈心偈, 欲求衣法. 若五祖見偈, 言此偈語, 若訪覓我, 我見和尙, 卽雲是秀作. 五祖見偈, 若言不堪, 自是我迷, 宿業障重, 不合得法. 聖意難測, 我心自息. 秀上座三更於南廊中間壁上, 秉燭題作偈. 人盡不知. 偈曰:
身是菩提樹, 心如明鏡臺.

時時勤拂拭, 莫使若塵埃.

神秀上座題此偈畢, 却歸房臥, 幷無人見.

❖

홍인스님께서 아침에 노진을 불러 남쪽 복도에《능가경》이야기를 그리게 하시려다가 문득 신수의 게송을 보셨다. 다 읽고 나서 노진에게 말씀하셨다.

"멀리서 온 것을 깊이 위로하여 돈 삼만 냥을 줄 테니《능가경》을 그리지 말게.《금강경》에 이르기를 '모양이 있는 모든 것은 다 허망하다'고 하였으니 이 게송을 그대로 두어서 미혹한 사람들로 하여금 외게 하는 것이 낫겠네. 이 게송에 따라 수행하면 지옥에 떨어져 아귀가 되지 않고 내세에 사람이 아닌 다른 것으로 태어나지 않을 것이다. 이 방법을 따라 수행하면 사람들에게 큰 이익이 있을 것이다."

홍인스님께서 제자들을 모두 불러 게송 앞에 향을 사르게 하셨다. 사람들이 들어와서 보고 모두 공경하는 마음으로 감탄하였다.

홍인스님이 신수상좌를 거처로 불러서 물으시길 "네가 이 게송을 지은 것이냐? 만약 네가 지은 것이라면 이미 나의 법문을 얻은 셈이다."라고 하셨다.
신수상좌가 대답했다.

"부끄럽습니다. 제가 지었습니다만 조사의 자리를 구함이 아니옵니다. 제자가 작은 지혜라도 있어서 큰 뜻을 조금이나마 깨달았는지 사부님께서 자비롭게 보아주시옵소서."

홍인스님께서 말씀하셨다.

"너의 이 게송은 깨달음이 문 앞에 당도하였지만 아직 문안으로 들어오지는 못하였다. 보통 사람들이 이 게송에 따라 수행하면 타락하지는 않겠지만 이런 깨달음으로 최고의 불법을 얻을 수는 없을 것이다. 문안으로 들어와 자기의 본성을 발견해야 한다. 너는 우선 돌아가 며칠 동안 더 생각하여 게송을 다시 지어서 가져오너라. 네가 자기 본성을 발견하고 최종적 깨달음에 도달했다면 법의를 너에게 물려주겠다."

신수상좌는 돌아가 며칠을 지났으나 게송을 짓지 못했다.

五祖平旦, 遂喚盧供奉來南廊下畵楞伽變. 五祖忽見此偈, 請記. 乃謂供奉曰: "弘忍與供奉錢三十千, 深勞遠來, 不畵變相也.《金剛經》雲: 凡所有相, 皆是虛妄. 不如留此偈, 令迷人誦. 依此修行, 不墮三惡道. 依法修行, 有大利益."大師遂喚門人盡來, 焚香偈前. 衆人見已, 皆生敬心. 喚言: "善哉!"

五祖遂喚秀上座於堂內問: "是汝作偈否? 若是汝作, 應得我法."

秀上座言: "罪過, 實是神秀作. 不敢求祖, 但願和尙慈悲, 看弟子有少智慧, 識大意否?"

五祖曰: "汝作此偈見解, 只到門前, 尙未得入. 凡夫依此偈修行, 卽不墮落. 作此見解, 若覓無上菩提, 卽不可得. 要入得門, 見自本性. 汝且去, 一兩日思維, 更作一偈來呈吾. 若入得門, 見自本性, 當付汝衣法."秀上座去數日, 作偈不得.

❖

한 동자승이 신수의 게송을 외면서 방앗간 앞으로 지나갔다. 혜능이 그걸 듣고, 이 게송 속에 진정한 깨달음이 없다는 것을 알았다.

혜능이 동자승에게 물었다.

"방금 외운 것이 무슨 게송인가?"

동자승이 대답했다.

"모르십니까? 대사님께서 생사는 큰일이니 법의를 물려주시겠다고 하시며 제자들에게 각기 게송을 지어 오라고 하셨습니다. 게송을 보시고 불법을 깨달은 이에게 법의를 물려주고 육조로 삼겠다고 하셨습니다. 신수상좌가 남쪽 복도 벽에 모양 없는 게송 한 수를 써 놓았더니 홍인스님께서 우리 모두에게 그 게송을 외우게 하셨습니다. 이 게송을 이해한 이는 곧 자신의 본성을 발견할 수 있을 것이니 이 방법에 따라 수행하면 생사의 윤회에서 벗어날 수 있다고 하셨습니다."

혜능이 말했다.

"나는 방앗간에서 방아 찧는 일을 여덟 달 남짓했으니 아직 조사당 앞에 가보지 못했다. 그 게송을 보고 절하고 싶으니 나를 남쪽 복도로 데려가 주게. 나도 그 게송을 외워 내세에 선한 인연을 맺어 부처님 나라에 나기를 바라네."

동자승이 혜능을 남쪽 복도에 데려다주었다. 혜능이 신수의 게송에 절한 후 글을 읽지 못해 다른 사람에게 읽어 달라고 청했다. 혜능이 그걸 듣고 뜻을 이해한 후에 자기 또한 게송을 짓더니 다른 사람에게 그것을 서쪽 벽에 써 달라고 청했다. 그의 게송은 자기 본마음에서 나온 것이었다. 자기 본마음을 알지 못하면 불법을 배워도 겉으로만 외우는 것이므로 이익이 없다. 자기 본마음을 알아야만 부처가 될 수 있으며 이것이야말로 불법의 근본을 아는 것이다.

혜능의 게송은 이러했다.

보리는 본디 나무가 아니요, 명경 또한 대가 아니라네
본디 아무것도 없는데 어디서 먼지가 일어나리오

또 한 수를 지었다.

마음은 보리수요, 몸은 명경대라
명경은 본디 깨끗하니 어디에 먼지가 있으리오

절에 있는 사람들이 혜능이 지은 게송을 보고 모두 괴이하게 여겼지만 혜능은 방앗간으로 일하러 갔다.

有一童子於碓坊邊過, 唱誦此偈. 慧能及一聞, 知未見性, 卽識大意. 能問童子: “適來誦者爲何偈?”

童子答: “你不知大師言生死事大, 欲傳衣法, 令門人等各作一偈, 來呈吾看, 悟大意卽付衣法, 稟爲六代祖. 有一上座名神秀, 忽於南廊下書無相偈一首, 五祖令諸門人盡誦. 悟此偈者卽見自性, 依此修行, 卽得出離.”

慧能答曰: “我此踏碓八個月餘, 未至堂前. 望上人引慧能至南廊下見此偈禮拜. 亦願誦取, 結來生緣, 願生佛地.”

童子引能至南廊下. 能卽禮拜此偈, 爲不識字, 請一人讀. 慧能聞已, 卽識大意. 慧能亦作一偈, 又請得一解書人於西間壁上題注, 呈自本心. 不識本心, 學法無益, 識心見性, 卽悟大意. 慧能偈曰:

菩提本無樹, 明鏡亦非臺.

本來無一物, 何處惹塵埃.

又偈曰:

心是菩提樹, 身是明鏡臺.

明鏡本淸淨, 何處染塵埃.

院內徒衆見能作此偈, 盡怪. 慧能却入碓坊.

❖

홍인스님이 복도에 왔다가 혜능의 게송을 보시고 혜능이 불법의 근본을 깨달았음을 알았다. 하지만 사람들이 알까 두려워 내색하지 않고 "이 게송 또한 최종적 깨달음을 얻지 못했다."고 하셨다.

홍인스님께서 한밤중에 혜능을 거처로 불러 《금강경》을 강의해 주셨다. 혜능이 한 번 듣고 곧바로 깨달았다. 그날 밤 홍인스님의 법의를 물려받으니 아무도 알지 못했다. 홍인스님이 혜능에게 돈교의 법문과 법의를 전해 받고 제6대 조사가 되었다. 이로써 법의를 신표로 삼아 대대로 전하고 이심전심으로 스스로 깨닫게 하여 선종의 법문을 이어 가게 되었다. 홍인스님이 말씀하셨다.

"혜능아, 예로부터 법을 전하는 사람의 생명은 실낱에 매달린 것과 같아서 언제든 위험에 처할 수 있다. 이곳에 있으면 사람들이 너를 해칠 것이니 속히 떠나거라."

혜능이 법의를 받고 그날 밤 떠나려 하니 홍인스님께서 몸소 주장 역참까지 배웅했다. 혜능이 배를 타고 떠날 때 작별하며 홍인스님이 당부했다.

“열심히 노력하라. 돈교의 법을 가지고 남쪽으로 가되 3년 동안은 널리 전하려 하지 말고 환란이 지나간 후에 널리 펼치라. 미혹한 사람들을 잘 이끌면 그들의 마음이 열려 깨달음을 얻을 것이다.”

혜능이 홍인스님의 가르침을 듣고 남쪽으로 향했다.

五祖忽來廊下, 見慧能偈, 卽知識人意. 恐衆人知, 五祖乃謂衆人曰: “此亦未得了.”

五祖夜至三更, 喚慧能堂內說《金剛經》. 慧能一聞, 言下便悟. 其夜受法, 人盡不知, 便傳頓教及衣, 以爲六代祖. 將衣爲信稟, 代代相傳, 法卽以心傳心, 當令自悟. 五祖言: “慧能, 自古傳法, 氣如懸絲, 若住此間, 有人害汝, 卽須速去!”

能得衣法, 三更發去. 五祖自送能至九江驛, 登時便別.

五祖處分: “汝去努力!將法向南, 三年勿弘此法. 難起已後, 弘化善誘, 迷人若得心開, 與悟無別.”辭違已了, 便發向南.

❖

두 달 뒤 다위링에 이르렀는데, 뒤에서 수백 명이 그를 해치고 법의를 빼앗으려다가 돌아간 것을 알지 못했다. 모두들 반쯤 쫓아오다가 돌아갔는데 오직 혜순이라는 스님만 돌아가지 않았다. 그는 원래 3품 장군으로 성품이 거칠고 포악하여 바로 고갯마루까지 쫓아 올라와 혜능을 덮치려 하였다. 혜능이 법의를 돌려주었지만 받으려 하지 않고 "제가 멀리까지 쫓아온 것은 진리를 구하기 위함이지 법의 때문이 아닙니다."라고 했다. 혜능이 고갯마루에서 혜순에게 돈교의 도리를 이야기해 주자 혜순이 그걸 듣고 곧 마음이 열렸다. 혜능이 혜순에게 "북쪽으로 돌아가서 사람들을 교화하라."고 말했다.

兩月中間, 至大庾嶺. 不知向後有數百人來, 欲擬捉慧能, 奪衣法. 來至半路, 盡總却回. 唯有一僧, 姓陳名惠順, 先是三品將軍, 性行粗惡, 直至嶺上, 來趁把著. 慧能卽還法衣. 又不肯取, 言: "我故遠來求法, 不要其衣."能於嶺上便傳法惠順. 惠順得聞, 言下心開. 能使惠順卽却向北化人.

❖

혜능이 이곳에 온 것은 여러 관료, 출가인, 속인과 오랜 전생부터 많은 인연이 있었기 때문이다. 도리는 옛 성인이 전하신 것이지 혜능 스스로 안 것이 아니다. 옛 성인의 가르침 듣기를 원하는 이는 우선 자기 마음을 깨끗이 하고 성인의 가르침이 우리의 미혹함을 없애고 옛 성인들이 가졌던 깨달음에 도달하기를 바랄지니라.

慧能來於此地, 與諸官僚道俗, 亦有累劫之因. 教是先聖所傳, 不是慧能自知. 願聞先聖教者, 各須淨心聞了, 願自除迷, 如先代悟. (下是法)

❖

혜능대사가 모두를 부르며 말했다.

"그대들이여, 사람은 본래부터 최종적 해탈의 지혜를 지니고 있다. 다만 마음이 미혹하여 깨닫지 못하고 있는 것이다. 그러므로 이미 깨달은 사람이 알려 주어야 한다. 그대들이여, 어리석은 사람과 지혜로운 사람도 불성에는 차이가 없다. 어리석은 사람과 지혜로운 사람의 차이는 미혹한지 깨달았는가에 있다. 미혹하면 어리석고, 깨달으면 지혜롭다."

慧能大師喚言: 善知識, 菩提般若之智, 世人本自有之, 即緣心迷, 不能自悟, 須求大善知識示道見性. 善知識, 愚人智人, 佛性本亦無差別, 只緣迷悟; 迷即爲愚, 悟即成智.

❖

"그대들이여, 내가 말하는 부처가 되는 방법은 정과 혜를 근본으로 한다. 우선 정과 혜를 다른 것으로 잘못 생각해서는 안 된다. 정과 혜의 본질은 같다. 다시 말해서, 정은 혜의 본체이고, 혜는 정의 작용이다. 혜가 작용할 때 정이 혜에 있고, 정이 작용할 때 혜가 정에 있느니라.

그대들이여, 정과 혜가 같은 것이라는 뜻이다. 불법을 배우는 사람은 먼저 정이 있어야 혜를 이끌어 낼 수 있다거나 먼저 혜가 있어야 정을 이끌어 낼 수 있다거나 정과 혜가 다른 것이라고 말해서는 안 된다. 이렇게 생각하는 사람은 법이 두 가지로 변한다. 다시 말해서, 입으로는 선을 말하면서 마음으로는 선의 경지에 도달하지 못하여 정과 혜가 통일되지 못한다. 마음과 입이 선의 경지에 다다르고 안팎이 화해하고 통일되어야 정과 혜가 같은 것이 된다. 스스로 깨닫고 수행하고 입으로 다투지 않아야 한다. 앞뒤를 다투면 이는 미혹한 사람이며 승부를 향한 마음을 끊지 못하는 것이니 불법과 자아가 서로 떨어져 네 가지 모양 속에 파묻혀 있게 된다."

善知識, 我此法門, 以定慧爲本. 第一勿迷言定慧別. 定慧體不一不二, 卽定是慧體, 卽慧是定用; 卽慧之時定在慧, 卽定之時慧在定. 善知識, 此義卽是定慧等. 學道之人作意, 莫言先定發慧, 先慧發定, 定慧各別. 作此見者, 法有二相: 口說善, 心不善, 定慧不等. 心口俱善, 內外一種, 定慧卽等. 自悟修行, 不在口諍. 若諍先後, 卽是迷人, 不斷勝負, 却生法我, 不離四相.

❖

"일행삼매란 평상시에 어떤 자세로 있든 진실한 마음을 지키는 것이다.
《정명경》에 이르기를 '진실한 마음은 도장이요, 정토다'라고 했다.
마음속으로 그릇된 생각을 가지고 입으로만 부처의 도리를 말하지 말라. 입으로는 일행삼매를 말하면서 행동은 불법을 따르지 않으면 부처님의 제자가 아니다. 우리의 본성에 따라 행동하고 모든 법에 집착하지 않는 것을 일행삼매라고 한다. 미혹한 사람은 법의 피상에 집착하고 일행삼매를 편협하게 이해하여 앉아서 움직이지 않고 헛된 생각을 없애는 것을 일행삼매라고 착각한다. 만약 그렇다면 불법에는 인정이 하나도 없고 도리어 해탈하는 데 걸림돌이 된다.
도란 통하여 흘러야 하는 것인데 어떻게 정체될 수 있는가? 마음이 법에 집착하지 않으면 도가 통하여 흐르게 된다. 집착하면 곧 속박된 것이다. 앉아서 움직이지 않는 것도 도라면 유마힐이 숲속에 앉아 있는 사리불을 꾸짖은 것은 잘못된 일이다. 그대들이여, 어떤 사람들은 남에게 가만히 앉아서 움직이지도 않고 일어나지도 않으면 마음이 깨끗해진다고 가르친다. 미혹한 사람은 깨달음을 얻지 못하고 일의 본말을 뒤바꾼다. 많은 이들이 중생을 이렇게 인도하고 있지만 이는 잘못된 것이다."

一行三昧者, 於一切時中, 行住坐臥, 常行直心是.《淨名經》雲: 直心是道場, 直心是淨土. 莫行心諂曲, 口說法直. 口說一行三昧, 不行直心, 非佛弟子. 但行直心, 於一切法上無有執著, 名一行三昧. 迷人著法相, 執一行三昧, 直言坐不動, 除妄不起心, 卽是一行三昧. 若如是, 此法同無情, 却是障道因緣. 道須通流, 何以却滯?心不住法, 道卽通流.

住卽被縛. 若坐不動, 是維摩詰不合呵舍利佛宴坐林中. 善知識, 又見有人敎人坐看心淨, 不動不起, 從此置功. 迷人不悟, 便執成顚倒. 卽有數百般如此敎道者, 故知大錯.

❖

"그대들이여, 정과 혜의 관계는 무엇과 같은가? 등불과 빛이다. 등불이 있으면 곧 빛이 있고, 등불이 없으면 곧 빛이 없다. 등불은 빛의 본체이고 빛은 등불의 작용이다. 이름은 비록 둘이지만 근본적으로는 둘이 아니다. 정과 혜의 원리도 이와 같다."

善知識, 定慧猶如何等?如燈光. 有燈卽有光, 無燈卽無光. 燈是光之體, 光是燈之用. 名卽有二, 體無兩般. 此定慧法, 亦復如是.

❖

"그대들이여, 불법 자체는 빠르고 느림의 구분이 없으나 사람은 영리하고 우둔함의 구분이 있다. 우둔한 사람은 점차 깨닫고 영리한 사람은 곧장 깨닫는다. 본성에서 오는 깨달음은 본성을 드러내므로 깨달아도 차이가 없다. 깨닫지 못하면 생사의 윤회 속에 오랫동안 머물러 있어야 한다."

善知識, 法無頓漸, 人有利鈍. 迷卽漸勸, 悟人頓修. 識自本心, 是見本性, 悟卽元無差別, 不悟卽長劫輪回.

❖

"그대들이여, 내가 말하는 깨달음의 방법은 단번에 깨닫는 것이든 점차 깨닫는 것이든 무념을 으뜸으로 놓고 무상을 기둥으로 세우고 무주를 뿌리로 삼는다.

무상이란 무엇인가? 무상이란 모양을 초월한 것이다. 무념이란 생각하고 있지만 괘념치 않는 것이다. 무주란 본성에 따라 행동하며 시시각각 어떤 대상에서 얽매이지 않는 것이다. 지나간 순간과 지금의 순간, 다음의 생각이 모두 끊어짐이 없다. 생각이 끊어지면 법신이 사라진다. 시시각각 마음이 움직이고 불법에 따라 어떤 대상에도 집착하지 않아야 한다. 언제든 어떤 대상에 얽매이면 매 순간 외부 인연에 연연하는 것이므로 이를 얽매임이라고 부른다. 진여의 본성에 따라 그 어떤 대상에서 얽매이지 않는 것이 곧 해탈이다. 이것이 바로 무주를 뿌리로 삼는 것이다.

그대들이여, 밖으로 모든 모양을 초월하는 것이 모양이 없는 것이다. 모양을 초월하기만 하면 본성이 깨끗해진다. 그러므로 무상을 기둥으로 세운다. 어떤 경계에도 집착하지 않는 것이 무념이다. 자기 마음으로 외부 현상을 떨쳐 내고 본성을 깨달을 때 그릇된 생각이 생겨나지 않는다. 어떤 사물도 헤아리지 않고 아무 생각도 없으면 일시적으로 번뇌를 끊을 수는 있지만 근본 문제를 해결할 수는 없다. 그러므로 다른 곳에서 또 번뇌가 생겨나게 된다.

불법을 배우는 사람은 자기 마음을 써서 배우면 불법의 진정한 뜻을 모두 이해할 수 있을 것이다. 자신이 틀렸다면 자기 혼자 미혹한 것이지만 다른 사람에게 전하면 모든 이를 미혹하게 만드는 것이다. 이는 자신의 미혹함을 알지 못하고 경전의 법을 비방하는 것이다. 그러므로 무념을 으뜸으로 놓는 것은 미혹한 사람이 현상에서 나타나는 환각에 빠져 그 환각에서 잘못된 생각이 나오기 때문이다. 모든 번뇌와 헛된 생각은 여기서부터 나온다. 우리가 무념을 으뜸으로 삼으면 세상 사람들이 외부의 현상을 떨쳐 내고 마음속에 헛된 생각을 품지 않는다. 생각함이 없으면 무념도 성립되지 않는다.

없다는 것은 무엇이 없다는 것이고 생각함이란 무엇을 생각하는 것인가? 없다는 것은 둘로 나뉘어 대립하는 갖가지 번뇌에서 벗어나는 것이고 생각함이란 최고 진리를 생각하는 것이다. 진여는 생각의 본체이고 생각은 진여의 작용이다. 그러면 일상생활 속에서 많이 행동하면서도 어떤 형태와 색에도 집착하지 않고 번뇌를 떨칠 수 있다. 《유마경》에 이르기를 '밖으로는 우주 만물의 형태를 관찰하고 분별하고, 안으로는 신앙의 최고이며 절대 진리에 있어서 조금도 움직이지 않는다.'고 하였다."

善知識, 我此法門從上已來, 頓漸皆立無念爲宗, 無相爲, 體, 無住爲本. 何名爲相無相?於相而離相. 無念者, 於念而不念. 無住者, 爲人本性, 念念不住, 前念, 今念, 後念, 念念相續, 無有斷絕, 若一念斷絕, 法身卽離色身; 念念時中, 於一切法上無住; 一念若住, 念念卽住, 名系縛; 於一切法上念念不住, 卽無縛也. 此是以無住爲本. 善知識, 外離一切相, 是無相. 但能離相, 性體淸淨, 是以無相爲體. 於一切境上不染, 名爲無念. 於自念上離境, 不於法上生念. 若百物不思, 念盡除却, 一念斷卽死, 別處受生. 學道者用心, 莫不識法意. 自錯尙可, 更勸他人迷. 不自見迷, 又謗經法. 是以立無念爲宗, 卽緣迷人於境上有念, 念上便起邪見, 一切塵勞妄念從此而生. 然此敎門立無念爲宗, 世人離境, 不起於念. 若無有念, 無念亦不立. 無者無何事, 念者念何物?無者離二相諸塵勞; 念者念眞如本性. 眞如是念之體, 念是眞如之用. 自性起念, 雖卽見聞覺知, 不染萬境, 而常自在.《維摩經》雲: 外能善分別諸法相, 內於第一義而不動.

❖

"그대들이여, 방금 말한 깨달음의 방법에 따라 좌선하면 정신적으로 추구하는 것에 집착하지 않고, 깨끗함에 집착할 필요도 없으며, 또 수도자가 가만히 앉아 있지 않아도 된다. 마음을 본다고 한다면 사람 마음은 원래 허망한 것이며 허망함은 환각과 같아서 볼 것이 없다.

또 깨끗함을 본다고 한다면 사람의 본성은 본디 깨끗하지만 허망한 생각이 진여를 덮은 것이므로 허망한 생각을 없애기만 하면 본성은 깨끗해진다. 자기 본성이 본디 깨끗함을 깨닫지 못하고 억지로 깨끗함을 구하려 하면 도리어 깨끗함에 관한 헛된 생각이 생긴다. 헛된 생각은 환상일 뿐이며 진실하지 않다. 그래서 보는 사람까지도 허망해진다. 깨끗함은 모양이 없는데 억지로 깨끗한 모양을 세워서 그렇게 노력하게 하는데, 이런 견해를 가지고 있는 사람은 본성이 드러나지 못하게 하여 도리어 깨끗함에 묶이게 된다. 좌선으로 수련하는 이가 모든 사람의 허물을 보지 못한다면 이는 자기 본성이 움직이지 않는 것이다. 미혹한 사람은 자기 몸은 좌선하는 것처럼 앉아서 움직이지 않지만 입만 열면 사람들의 시시비비를 논하고 불법과 어긋난다. 마음을 보는 것이든 깨끗함을 보는 것이든 모두 숭고히 들리지만 사실은 자신을 그릇된 길로 인도하여 깨달음의 목적지에서 점점 멀어지게 한다."

善知識, 此法門中坐禪原不著心, 亦不著淨, 亦不言不動. 若言看心, 心原是妄, 妄如幻故, 無所看也. 若言看淨, 人性本淨, 爲妄念故, 蓋覆眞如, 離妄念, 本性淨. 不見自性本淨, 起心看淨, 却生淨妄. 妄無處所, 故知看者却是妄也. 淨無形相, 却立淨相. 言是工夫, 作此見者, 障自本性, 却被淨縛. 若修不動者,不見一切人過患, 是性不動; 迷人自身不動, 開口卽說人是非, 與道違背. 看心看淨, 却是障道因緣.

❖

"이제 그대들에게 말하니 부처가 되는 이 방법 가운데 어떤 것을 선정이라 하는가? 걸림이 전혀 없고 바깥 형태와 색에 대해 마음속에서 생각이 일어나지 않는 것이 '앉음'이고, 본성을 보아도 어지럽지 않은 것이 '선'이다. 어떤 것을 선정이라 하는가? 밖으로 형태를 초월할 수 있는 것이 선이고, 안으로 어지럽지 않음이 정이다. 밖으로 형태를 초월하지 못하면 안으로 성품이 어지럽고, 바깥 형태에 좌우되지 않으면 마음이 안정될 수 있다. 본성은 본디 깨끗하고 안정된 것이다. 우리가 갖가지 상황에 부딪혀 어지러워지는 것이다. 상황을 초월해 마음이 어지럽지 않은 것을 정이라고 하고, 바깥 형태에 얽매이지 않는 것을 선이라고 한다. 밖으로는 선이고, 안으로는 정이면 이를 선정이라고 한다. 《유마경》에 이르기를, '즉시에 밝아져 본마음으로 돌아간다'고 했고, 《보살계경》에 이르기를, '계의 본뜻은 우리를 깨끗한 상태로 돌아가게 하는 것이다'라고 했다. 그대들이여, 자기 본성을 발견하고 스스로 깨끗해지고 스스로 닦으라. 또한 스스로 본성의 법신을 완성하고 불법에 따라 행동하여 스스로 부처의 경지에 도달하라."

今旣如是, 此法門中何名坐禪? 此法門中一切無礙, 外於一切境界上, 念不起爲坐, 見本性不亂爲禪. 何名爲禪定? 外離相爲禪, 內不亂曰定. 外若著相, 內心卽亂; 外若離相, 內性不亂. 本性自淨自定, 只緣境觸, 觸卽亂, 離相不亂卽定. 外離相卽禪, 內不亂卽定. 外禪內定, 故名禪定.《維摩經》雲: 卽時豁然, 還得本心.《菩薩戒經》雲: 戒本源自性淸淨. 善知識, 見自性自淨, 自修自作自性法身, 自行佛行, 自作自成佛道.

❖

"그대들이여, 자기 본성을 붙잡고 모양이 없는 계율을 받으면 쉽게 깨달을 수 있다. 나의 입으로 부처의 도리를 말함으로써 그대들 스스로 삼신불을 보게 하리라. 우리 자신의 색신에서 청정법신불로 귀의하고, 우리 자신의 색신에서 천백억화신불로 귀의하며, 우리 자신의 색신에서 당래원만보신불로 귀의하라. 색신은 집일 뿐이므로 우리가 마지막으로 귀의할 곳이 아니다. 앞의 세 불신은 법성 속에 있고 누구나 다 가지고 있다. 다만 미혹하여 보지 못하고 밖에서 삼신불을 찾아다니며 자기 색신 속에 있는 삼신불은 보지 못한다.

그대들이여, 이 도리를 모두에게 말하여 모두들 자기 색신에 있는 자신의 법성이 삼신불을 가지고 있음을 보게 할 것이다.

이 삼신불은 자기 본성에서 생긴다.

청정법신불이란 무엇인가? 그대들이여, 세상 사람의 본성은 본래 깨끗하여 모든 깨달음의 방법이 자기의 본성 안에 있다. 하루 종일 악한 일을 생각하면 당연히 악을 행하고, 하루 종일 착한 일을 생각하면 당연히 착한 행동을 하게 된다. 그러므로 모든 법이 다 자기 본성 속에 있다. 자기 본성은 항상 깨끗하다. 해와 달이 항상 밝은 것과 같다. 구름이 덮이면 밑에 있는 우리가 보기에는 해와 달이 어둡게 보이지만 사실 구름 위는 밝다. 그러다가 문득 바람이 불면 모든 것이 환하게 나타난다. 세상 사람의 본성도 맑은 하늘처럼 깨끗하며 혜(慧)는 해와 같고 지(智)는 달과 같아서 영원히 밝다. 우리가 바깥 형태에 얽매이면 헛된 생각이 뜬구름처럼 본성을 가려 우리 생활이 어두워진다. 깨달음을 얻은 지혜로운 이를 만나 진정한 방법을 알고 헛된 생각을 물리치면 안팎이 모두 밝고 깨끗해 본성 속에 모든 깨달음의 방법이 나타난다. 모든 깨달음의 방법이 자기 본성 속에 있기 때문에 이를 청정법신이라고 한다.

귀의함이란 무엇인가? 선하지 못한 생각과 행동을 없애는 것이다. 천백억화신불이란 무엇인가? 생각하지 않을 때는 본성이 텅 비어 고요하지만, 생각할 때는 스스로 자신을 구도한다. 악한 것을 생각하면 지옥이 되고, 착한 것을 생각하면 천당이 되며, 해로운 행동은 우리를 가축으로 만들고 자비로운 행동은 우리를 보살로 만든다. 지혜는 우리를 해탈로 인도하고 우매함은 우리를 욕망으로 끌고 간다.

자신의 본성은 변화가 많은데 미혹한 사람은 스스로 알아보지 못한다. 생각 하나가 착하면 지혜가 곧 생겨난다. 등불 하나가 천년의 어둠을 쫓을 수 있고, 지혜 하나가 만년의 어리석음을 없앨 수 있다. 과거의 일은 지나갔으니 더 생각할 필요가 없으며 앞으로 어떻게 할 것인지 생각해야 한다. 미래를 생각하고 꾸준히 선을 행하는 것을 보신이라고 한다. 악한 생각 하나는 천년 동안 쌓은 선행을 물거품으로 만들 수 있고 선한 생각 하나는 천년 동안 쌓은 악행을 없앨 수 있다. 죽을 때까지 선을 잊지 않는 것을 보신이라고 한다. 모든 생각이 자기 본성을 둘러싸고 있는 것은 화신이고, 모든 생각이 선한 것은 보신이다. 스스로 도리를 깨닫고 수행하는 것이 귀의다. 몸은 색신이고 색신은 집이므로 귀의라고 할 수 없다. 삼신을 안다면 불법의 대의도 알 수 있다."

善知識, 總須自體, 與授無相戒. 一時逐慧能口道, 令善知識見自三身佛, 於自色身歸依淸淨法身佛, 於自色身歸依千百億化身佛, 於自色身歸依當來圓滿報身佛. 色身是舍宅, 不可言歸. 向者三身, 自在法性, 世人盡有, 爲迷不見. 外覓三身如來, 不見自色身中三身佛. 善知識, 聽與善知識說, 令善知識於自色身見自法性有三身佛. 此三身佛, 從自性上生. 何名淸淨身佛?善知識, 世人性本自淨, 萬法在自性. 思維一切惡事, 卽行於一切惡行; 思量一切善事, 便修於善行. 知如是一切法盡在自性. 自性常淸淨, 日月常明, 只爲雲覆蓋, 上明下暗, 不能了見日月星辰, 忽遇惠風吹散卷盡雲霧, 萬象森羅, 一時皆現. 世人性淨, 猶如淸天, 慧如日, 智如月, 智慧常明. 於外著境, 妄念浮雲蓋覆, 自性不能明. 故遇善知識, 開眞正法, 吹却迷妄, 內外明徹, 於自性中萬法皆現. 一切法在自性, 名爲淸淨法身. 自歸依者, 除不善心及不善行, 是名歸依. 何名爲千百億化身佛?不思量性卽空寂, 思量卽自化. 思量惡法化爲地獄, 思量善法化爲天堂, 毒害化爲畜生, 慈悲化爲菩薩, 智慧化爲上界, 愚癡化爲下方. 自性變化甚多, 迷人自不知見. 一念善, 智慧卽生. 一燈能除千年暗, 一智能滅萬年愚. 莫思向前, 常思於後, 常後念善, 名爲報身. 一念惡, 報却千年善亡; 一念善, 報却千年惡滅. 無常已來後念善, 名爲報身; 從法身思量, 卽是化身; 念念善, 卽是報身. 自悟自修, 卽名歸依也. 皮肉是色身, 色身是舍宅, 不言歸依也. 但悟三身, 卽識大意.

❖

"이제 스스로 삼신불에 귀의하였으니 우리가 함께 넓고 큰 기원을 네 가지 낼 것이다. 그대들이여, 다 함께 따라 말하라.

무량한 중생 다 구도하기를 기원합니다.

무량한 번뇌 다 끊기를 기원합니다.

무량한 불법 다 배우기를 기원합니다.

위가 없는 경지를 이루기를 기원합니다.

그대들이여, 무량한 중생을 구도해야 한다는 것은 혜능이 구도한다는 것이 아니다. 그대들이여, 중생이 각자 자기 몸 안에 있는 본성을 발견하고 스스로 구도하는 것이다.

자기 본성으로 스스로 구도하는 것은 무엇인가? 우리 색신 속에는 잘못된 생각과 번뇌하는 마음, 어리석음, 망상도 있고, 깨달음의 본성도 있다. 옳은 생각을 가지고 있기만 하면 자기 자신을 구도할 수 있다. 옳은 생각을 깨달으면 어리석음과 미망에서 빠져나오는 지혜를 얻고 중생이 스스로 자신을 구도할 수 있다. 바른 것으로 그릇된 것을 구도하고, 깨달음으로 미혹함을 구도하고, 지혜로 어리석음을 구도하며, 선으로 악을 구도하고, 보리로 번뇌를 구도한다. 이것이 진정한 구도다.

무량한 번뇌를 다 끊기를 기원한다는 것은 자기 마음속에 있는 허망함을 없애는 것이다. 무량한 법문을 다 배우기를 기원한다는 것은 위가 없는 바른 방법을 배우는 것이다. 위가 없는 경지를 다 이루기를 기원한다는 것은 항상 마음으로 실천하고 모든 것을 공경하는 태도로 대하며 미혹과 집착에서 멀리 떨어지고, 깨달음에서 지혜가 생겨 미망함을 없애는 것이다. 이것이 스스로 깨달아 불도를 이루는 것이며 기원하는 힘을 행하는 것이다."

今旣自歸依三身佛已, 與善知識發四弘大願. 善知識一時逐慧能道:

衆生無邊誓願度,

煩惱無邊誓願斷,

法門無邊誓願學,

無上佛道誓願成.

善知識, 衆生無邊誓願度, 不是慧能度. 善知識, 心中衆生, 各於自身自性自度. 何名自性自度?自色身中邪見煩惱、愚癡迷妄, 自有本覺性. 只本覺性, 將正見度. 旣悟正見般若之智, 除却愚癡迷妄, 衆生各各自度. 邪來正度, 迷來悟度, 愚來智度, 惡來善度, 煩惱來菩提度. 如是度者, 是名眞度. "煩惱無邊誓願斷", 自心除虛妄. 法門無邊誓願學, 學無上正法. 無上佛道誓願成, 常下心行, 恭敬一切, 遠離迷執, 覺智生般若, 除却迷妄, 卽自悟佛道成, 行誓願力.

❖

“사홍서원을 내었으니 혜능이 그대들에게 무상참회 법문을 전수할 것이다. 이 법문은 우리에게 죄는 본래 텅 비었음을 깨닫게 함으로써 과거, 현재, 미래 삼세의 죄를 없앨 것이다.“

대사께서 말씀하셨다.

“그대들이여, 어느 때 생각이든 모두 어리석음과 미혹에 물들지 않고 지난날 나쁜 행동을 자기 본성에서 없애 버리면 이것이 곧 참회다. 어느 때 생각이든 어리석음과 미혹에 물들지 않고 과거의 거짓된 마음을 없애며 어지러운 생각을 영원히 끊는다면 이것이 곧 자성참이다. 어느 때 생각이든 모두 질병에 전염되지 않고 과거의 질투심을 없애고 자기 본성에서 진정으로 없앤다면 이것이 곧 참회다.
그대들이여, 참회란 무엇인가? 참이란 평생 잘못된 일을 반복하지 않는 것이고, 회란 과거의 악업을 알고 마음을 거스르는 일을 영원히 하지 않는 것이다. 부처 앞에서 입으로만 말해서는 소용없다. 내가 말하는 방법은 악한 생각을 영원히 끊고 다시는 잘못된 일을 하지 않는 것이며 이것이 바로 참회다.”

今旣發四弘誓願, 說與善知識無相懺悔, 滅三世罪障.

大師言: 善知識, 前念後念及今念, 念念不被愚迷染, 從前惡行, 一時自性若除, 卽是懺悔. 前念後念及今念, 念念不被愚癡染, 除却從前矯誑, 雜心永斷, 名爲自性懺. 前念後念及今念, 念念不被疽疫染, 除却從前嫉妬心, 自性若除, 卽是懺.

善知識, 何名懺悔?懺者, 終身不作; 悔者, 知於前非惡業, 恒不離心. 諸佛前口說無益, 我此法門中永斷不作, 名爲懺悔.

❖

"참회를 마쳤으니 그대들에게 무상삼귀의계를 전수하겠다."

대사께서 말씀하셨다.

"그대들이여, 부처에게 귀의하여 양족존에 다다르고 불법에 귀의하여 이욕존에 다다르며, 승가에 귀의하여 중중존에 다다르라. 지금부터 부처님을 스승으로 모시고 다시는 다른 그릇된 도를 믿지 말라. 우리 자신의 본성에 본디 있는 '삼보'의 자비로써 증명하라. 그대들이여, 내가 그대들에게 자기 본성 속 삼보에게 귀의할 것을 권한다. 부처란 깨달음이고, 법이란 위가 없는 진리이며, 승이란 깨끗함이다. 자기 마음이 깨달음에 귀의하면 그릇되거나 미혹되지 않으며, 욕망이 줄어들고 재물과 색을 초월하게 되는데 이를 양족존이라고 한다. 자기 마음이 위가 없는 진리로 귀의해 모든 생각이 바르고 집착이 없는 것을 이욕존이라고 한다. 자기 마음이 깨끗함에 귀의해 일상생활 속에서도 자기 본성이 밝은 것을 중중존이라고 한다. 어리석은 이는 '삼보'가 자기 본성 속에 있음을 알지 못하고 날마다 밖에서 '삼귀의'를 찾는다.

그런데 부처님에게 귀의한다고 한다면 부처가 어디에 있는가? 부처님이 보이지 않으면 귀의할 곳이 없게 된다. 귀의할 곳이 없으면 부처님에게 귀의한다는 말이 허망하게 된다. 그대들이여, 각각 스스로 관찰하여 마음을 그릇되게 쓰지 말라. 불경에서는 '스스로 부처님에게 귀의한다'고 했을 뿐 자기 본성 밖에 귀의할 수 있는 부처님이 있다고 하지 않았다. 자기 본성으로 돌아갈 수 없으면 귀의할 곳이 없다."

今旣懺悔已, 與善知識授無相三歸依戒. 大師言: 善知識, 歸依覺, 兩足尊. 歸依正, 離欲尊. 歸依淨, 衆中尊. 從今已後, 稱佛爲師, 更不歸依邪迷外道. 願自三寶慈悲證明. 善知識, 慧能勸善知識歸依自性三寶. 佛者, 覺也; 法者, 正也; 僧者, 淨也. 自心歸依覺, 邪迷不生, 少欲知足, 離財離色, 名兩足尊. 自心歸依正, 念念無邪故, 卽無愛著, 以無愛著, 名離欲尊. 自心歸依淨, 一切塵勞妄念雖在自性, 自性不染著, 名衆中尊. 凡夫不解, 從日至日, 受三歸依戒. 若言歸佛, 佛在何處? 若不見佛, 卽無所歸. 旣無所歸, 言却是妄. 善知識, 各自觀察, 莫錯用意. 經中只言自歸依佛, 不言歸依他佛, 自性不歸, 無所依處.

❖

"자기 본성이 삼보에게 귀의하여 마음 깊숙한 곳으로 들어갔을 것이니 피안에 닿을 수 있는 큰 지혜를 자세히 알려 주고자 한다.

마하반야바라밀은 서쪽 나라의 산스크리트어다. 한자로는 피안에 닿는 커다란 지혜라는 뜻이다. 이 수행법은 몸소 실천해야지 입으로 말하기만 해서는 안 된다. 입으로 말하기만 하고 행하지 않으면 아무런 이익이 없다. 이 방법에 따라 진정으로 수행한 이는 그의 법신이 부처와 같을 것이다.

마하란 무엇인가? 크다는 뜻이다. 마음은 허공처럼 넓어서 공의 선정으로 들어간 것 같고 선악의 경계를 초월한다. 세상은 텅 비었기 때문에 해와 달과 별, 산과 강과 대지와 모든 초목, 악한 사람과 선한 사람, 악한 법과 선한 법, 천당과 지옥이 그 안에 모두 있는 것이다. 사람의 자성도 이처럼 비었기 때문에 넓다. 자기 본성이 모든 존재를 다 담고 있기 때문에 큰 것이고, 모든 존재가 다 진리를 품고 있다. 모든 사람과 사람 아닌 것, 악함과 선함, 악한 법과 선한 법을 보지만 모두 버리지 않고 집착하지 않으며 허공처럼 만물을 다 담을 수 있다. 이것을 크다고 하며 또 마하라고 한다. 미혹한 사람은 입으로만 외우고 지혜로운 사람은 마음으로 행한다. 또 미혹한 사람은 마음을 비워 아무 생각도 하지 않는 것을 크다고 하지만 이것은 잘못된 것이다. 마음이 넓고 커도 일상생활에서 실천하지 않으면 작은 것이다. 입으로만 말하고 이 법문을 수행하지 않으면 내 제자가 아니다."

今旣自歸依三寶, 總各各至心與善知識說摩訶般若波羅蜜法. 善知識雖念不解, 慧能與說, 各各聽.

摩訶般若波羅蜜者, 西國梵語, 唐言大智慧到彼岸. 此法須行, 不在口念; 口念不行, 如幻如化. 修行者法身與佛等也. 何名摩訶?摩訶者是大, 心量廣大, 猶如虛空. 若空心禪, 卽落無記空. 世界虛空, 能含日月星辰, 山河大地, 一切草木, 惡人善人, 惡法善法, 天堂地獄, 盡在空中. 世人性空, 亦複如是. 性含萬法是大; 萬法盡是自性. 見一切人及非人, 惡之於善、惡法善法, 盡皆不舍, 不可染著, 猶如虛空, 名之爲大. 此是摩. 迷人口念, 智者心行. 又有迷人空心不思, 名之爲大. 此亦不是. 心量大, 不行是小. 若口空說, 不修此行, 非我弟子.

❖

"반야란 무엇인가? 반야란 지혜다. 어떤 때든 모든 마음이 어리석지 않고 지혜로운 것을 반야행이라고 한다. 생각 하나가 어리석음에 빠지면 곧 반야가 사라지고, 생각 하나가 지혜로우면 곧 반야가 생긴다. 사람들이 마음속은 항상 어리석으면서 '나는 반야를 수련한다'고 말한다. 반야는 형상이 없으며 지혜가 생기면 그것이 바로 반야다.

바라밀이란 무엇인가? 서쪽 나라의 산스크리트어로 '피안에 닿는다'는 말인데 생사의 윤회를 초월한다는 의미다. 현상에 집착하면 생겨나고 사라지는 순환이 생긴다. 이는 물에 파도가 있는 것과 같은데 이것을 '이쪽 기슭'이라고 한다. 현상을 초월해 생겨나고 사라지는 순환이 없으면 물이 영원히 흐르는 것과 같은데 이를 '저쪽 기슭', 즉 피안이라고 하며 또 바라밀이라고도 한다.

미혹한 사람은 입으로만 외우고 지혜로운 이는 마음으로 행한다. 생각할 때 망상이 있으면 그것은 진정으로 있는 것이 아니다. 모든 생각이 미혹하지 않아야 진정으로 있다고 한다. 이 법문을 깨달은 이는 반야의 진리를 깨닫고 반야의 행동을 실천한다. 반야의 수행이 없으며 범부이고, 찰나의 수행으로 자기 본성을 깨달으면 부처와 같다. 그대들이여, 부처의 지혜는 번뇌에서 나왔다. 그러므로 번뇌가 곧 보리라고 하는 것이다. 바로 이전 순간에 미혹하면 범부지만, 바로 뒤 순간에 깨달으면 부처다.

그대들이여, 피안에 도달하는 커다란 지혜에서 가장 중요한 것은 현재, 과거, 미래가 없는 것이다. 과거, 현재, 미래에서 깨달음을 얻어 초월의 경지로 올라서야 피안에 도달할 수 있다. 생리적, 심리적 번뇌를 깨뜨리는 것이 가장 중요하다. 우리가 찬미하는 최상승의 진리는 이 진리를 따라 수행하면 반드시 부처의 경지에 다다를 수 있다. 과거와 미래를 초월하고 현재에 집착하지 않는 것이 곧 정과 혜가 하나인 것이다. 어떤 현상도 자신을 흔들 수 없으면 과거, 현재, 미래 삼세의 부처가 나타나 독 세 가지, 탐욕과 분노와 어리석음을 계, 정, 혜로 바꾼다.

그대들이여, 나의 법문은 반야 하나에서 수많은 지혜가 나온다. 어째서 그런가? 세상에 수많은 번뇌가 있기 때문이다. 번뇌가 없으면 반야가 항상 있어서 우리가 자기 본성을 떠나지 않게 된다. 이것이 곧 생각이 없는 것이며 어떤 헛된 생각도 생기지 않고 진여의 본성을 지키는 것이다. 지혜로써 모든 것을 비추어 보고 집착도 하지 않고 버리지도 않으니 본성을 보고 부처가 될 수 있다."

何名般若?般若是智慧. 一切時中, 念念不愚, 常行智慧, 卽名般若行. 一念愚卽般若絶; 一念智卽般若生. 世人心中常愚, 自言我修般若. 般若無形相, 智慧性卽是. 何名波羅蜜?此是西國梵音, 唐言到彼岸, 解義離生滅. 著境生滅起, 如水有波浪, 卽是爲此岸; 離境無生滅, 如水承長流, 故卽名到彼岸, 故名波羅蜜. 迷人口念, 智者心行. 當念時有妄, 有妄卽非眞有. 念念若行, 是名眞有. 悟此法者, 悟般若法, 修般若行. 不修卽凡. 一念修行, 法身等佛. 善知識, 卽煩惱是菩提. 前念迷卽凡, 後念悟卽佛. 善知識, 摩訶般若波羅蜜, 最尊最上第一, 無住無去無來, 三世諸佛從中出, 將大智慧到彼岸. 打破五陰煩惱塵勞, 最尊最上第一. 贊最上乘法, 修行定成佛. 無去無住無來往, 是定慧等, 不染一切法, 三世諸佛從中出, 變三毒爲戒定慧.

善知識, 我此法門從一般若生八萬四千智慧. 何以故?爲世人有八萬四千塵勞. 若無塵勞, 般若常在, 不離自性. 悟此法者, 卽是無念, 無憶無著, 莫起雜妄, 卽自是眞如性. 用智慧觀照, 於一切法不取不舍, 卽見性成佛道.

❖

"그대들이여, 최종적 진리와 지혜의 세계로 들어가고자 하면, 즉 피안에 도달하는 커다란 지혜를 수행하고자 하면,《금강경》한 권만 지니고 읽으면 심오한 지혜를 깨달을 수 있다.
《금강경》을 읽고 깨달은 사람은 공덕이 무한할 것이다. 이것은 불경에서 이미 분명히 말했으니 다시 말할 필요가 없다. 큰 지혜와 근성을 가진 사람에게 이것은 최상승의 지혜다. 근성이 부족한 사람은 이 진리를 들어도 믿지 못한다.

왜 그럴까? 큰 용이 큰비를 내리는 것과 같다. 큰비가 내리면 사람들이 사는 세상의 도시와 마을이 모두 풀잎처럼 물에 뜬다. 또 큰비가 바다에 내리면 물이 불지도 않고 줄지도 않는다. 이타심을 가진 지혜로운 사람은《금강경》을 들으면 마음이 열리고 깨달음을 얻는다.

그러므로 본성 자체에 만물이 모두 공이라는 지혜를 가지고 있어서 스스로 보고 발견하고 깨달으므로 문자가 필요하지 않다. 빗물이 하늘에서 내려오는 것이 아니라 용왕이 강과 바다 밑에서 자기 몸으로 물을 끌어당겨 모든 중생과 모든 초목과 모든 유정과 무정을 다 윤택하게 하는 것과 같다. 모든 물이 바다로 흘러 들어가 바다와 한 몸이 되듯이 중생의 본성인 커다란 지혜도 이와 같다. 어리석은 사람은 갑자기 깨닫는 진리를 들으면 마치 대지의 초목이 큰비가 내리면 저절로 다 쓰러져 자라지 못하는 것과 같다. 어리석은 사람도 지혜로운 사람처럼 본래 공의 이치를 관조하는 지혜를 가지고 있다.

그런데 어째서 진리를 듣고도 깨닫지 못하는가? 잘못된 견해와 깊은 번뇌 때문이다. 먹구름이 해를 가려서 바람이 불어 먹

구름을 몰아내지 않으면 해가 나타날 수 없는 것과 같다.
공의 이치를 관조하는 지혜에는 크고 작음의 구분이 없지만 모든 중생의 마음이 미혹하면 밖에서 부처를 찾고 자기 본성을 깨닫지 못한다. 이런 사람은 근기가 작은 것이다. 갑자기 깨닫는 이치를 듣고 밖으로 수련하는 것에 의지하지 않고 자기 마음에서 바른 견해로 올라가면 번뇌가 가득한 중생이라도 곧장 깨달을 수 있다. 마치 바다가 사방의 물줄기를 받아들이고 작은 물과 큰 물을 합쳐 한 몸이 되는 것과 같다. 이것을 자기 본성을 보아 안팎으로 집착하지 않고 오고 감이 자유로우며 통달하여 거리낌이 없다고 한다. 마음으로 이 방법을 실천하면 《반야바라밀경》과 다를 것이 없다."

善知識, 若欲入甚深法界, 入般若三昧者, 直須修般若波羅蜜行, 但持《金剛般若波羅蜜經》一卷, 卽得見性入般若三昧. 當知此人功德無量. 經中分明讚歎, 不能具說. 此是最上乘法, 爲大智上根人說. 小根智人若聞法, 心不生信. 何以故?譬如大龍, 若下大雨, 雨於閻浮提, 城邑聚落, 悉皆漂流, 如漂草葉; 若下大雨, 雨於大海, 不增不減. 若大乘者, 聞說《金剛經》, 心開悟解. 故知本性自有般若之智, 用智慧觀照, 不假文字. 譬如其雨水, 不從天有, 原是龍王於江海中將身引此水, 令一切衆生, 一切草木, 一切有情無情, 悉皆蒙潤. 諸水衆流, 却入大海, 海納衆水, 合爲一體. 衆生本性般若之智, 亦複如是. 小根之人, 聞說此頓教, 猶如大地草木根性自小者, 若被大雨一沃, 悉皆自倒, 不能增長; 小根之人亦複如是. 有般若之智與大智之人, 亦無差別, 因何聞法卽不悟?緣邪見障重, 煩惱根深, 猶如大雲覆蓋於日, 不得風吹, 日無能現. 般若之智亦無大小. 爲一切衆生自有迷心, 外修覓佛, 未悟自性, 卽是小根人. 聞其頓教, 不假外修, 但於自心, 令自本性常起正見, 一切邪見煩惱塵勞衆生, 當時盡悟, 猶如大海納於衆流, 小水大水合爲一體, 卽是見性. 內外不住, 來去自由, 能除執心, 通達無礙. 心修此行, 卽是見性. 內外不住, 來去自由, 能除執心, 通達無礙. 心修此行, 卽與《般若波羅蜜經》本無差別.

❖

"모든 불경과 문자, 소승과 대승의 열두 형태 불경은 모두 사람이 만든 것으로 지혜로운 본성으로 깨달음을 얻을 수 있었던 것이다. 만약 사람이 없다면 모든 현상과 진리는 무의미해질 것이다. 그러므로 모든 일은 본디 사람으로 말미암아 일어난 것이요, 모든 불경도 사람으로 인해 교법이 생긴 것이다. 사람들 중에 어리석은 이도 있고 지혜로운 이도 있는데 어리석으면 소인배가 되고 지혜로우면 큰사람이 된다. 미혹한 사람은 깨달은 사람에게 가르침을 구하고, 지혜로운 사람은 어리석은 사람에게 불법을 알려 주어 어리석은 사람이 깨닫고 마음을 열게 한다. 미혹한 사람이 깨닫고 마음을 열면 큰 지혜 가진 사람과 다를 바가 없다.

그러므로 깨닫지 못하면 부처도 중생이고, 찰나에 깨달으면 중생이 곧 부처다. 그러므로 모든 진리가 자기 마음속에 있다. 그런데 어째서 자기 마음을 따라 곧장 본성을 나타내지 않는가? 《보살계경》에 이르기를 '계의 목적은 우리의 본래 깨끗한 본성으로 돌아가는 것이다'라고 했다. 마음속 깊은 곳으로 돌아가 본모습이 되면 부처의 경지에 다다를 수 있다. 《정명경》에 이르기를 '찰나에 깨달으면 본성으로 돌아간다'고 했다."

一切經書及文字, 大小二乘十二部經, 皆因人置, 因智慧性故, 固然能建立. 若無世人, 一切萬法本亦不有. 故知萬法, 本從人興, 一切經書, 因人說有. 緣在人中, 有愚有智. 愚爲小人, 智爲大人. 迷人問於智者, 智人與愚人說法, 令彼愚者悟解心開. 迷人若悟解心開, 與大智人無別. 故知不悟, 卽佛是衆生; 一念若悟, 卽衆生是佛. 故知一切萬法盡在自身心中. 何不從於自心, 頓見眞如本性.《菩薩戒經》雲: 戒本源自性淸淨. 識心見性, 自成佛道.《淨名經》雲: 卽時豁然, 還得本心.

❖

"그대들이여, 나는 오조 홍인스님에게서 불법을 듣고 단번에 깨달아 궁극의 본성을 보았다. 그러므로 이 진리를 후대에 전하여 불법을 배우는 이들로 하여금 만법이 모두 공이라는 지혜를 알고 자기 마음을 관조하여 본성에서 깨닫게 하라. 스스로 깨닫지 못하는 이는 깨달음을 얻은 지혜로운 이를 찾아서 지도받으라."

善知識, 我於忍和尙處一聞, 言下大悟, 頓見眞如本性. 是故將此教法流行後代, 令學道者頓悟菩提, 各自觀心, 令自本性頓悟. 若不能自悟者, 須覓大善知識示道見性.

❖

"커다란 선지식이란 무엇인가? 최상승 진리를 이해하고 바른 길을 가리키는 것이 커다란 선지식이며 큰 인연이다. 이는 이른바 남들을 교화하고 지도하여 본성을 보게 하는 것이다. 진리를 추구하는 모든 방법이 커다란 선지식으로 말미암아 생겨난다. 모든 불법은 우리 마음속에 본디부터 있는 것이다. 스스로 깨닫지 못할 때만 선지식으로 이끌어 주어야 한다. 스스로 깨달은 이는 선지식에 의지할 필요가 없다.
하지만 근본적으로 말하면 선지식이 우리를 해탈시켜 주는 것은 아니다. 스스로 마음속 깊은 곳에서 불성을 알아야만 해탈할 수 있다. 자기 마음이 그릇되고 미혹하면 선지식으로 이끌어 주어도 소용없다. 스스로 깨닫지 못할 때는 반야의 지혜를 이용해 형태와 색의 존재를 관조하고 공의 진리를 깨달으면 헛된 생각이 찰나에 전부 사라질 것이다. 이것이 진정한 선지식이며 단번에 깨달아 부처의 경지에 이르는 것이다. 자기 본성으로 돌아가 지혜로써 모든 것을 관조하면 안으로든 밖으로든 모두 밝고 깨끗해진다. 본성을 깨달으면 곧 해탈이다. 해탈을 얻으면 공의 진리를 알고 밝은 경지로 들어갈 수 있는데 이것이 곧 무념이다."

何名大善知識?解最上乘法, 直示正路, 是大善知識, 是大因緣. 所謂化道, 令得見性. 一切善法, 皆因大善知識能發起故. 三世諸佛, 十二部經, 在人性中本自具有, 不能自悟, 須得善知識示道見性. 若自悟者, 不假外求善知識. 若取外求善知識, 望得解脫, 無有是處. 識自心內善知識, 卽得解脫. 若自心邪迷, 妄念顚倒, 外善知識卽有教授, 救不可得. 汝若不得自悟, 當起般若觀照, 刹那間, 妄念俱滅, 卽是眞正善知識, 一悟卽至佛地. 自性心地, 以智慧觀照, 內外明徹, 識自本心. 若識本心, 卽是解脫. 旣得解脫, 卽是般若三昧. 悟般若三昧, 卽是無念.

❖

"무념이란 무엇인가? 모든 것을 보되 모든 것에 집착하지 않고, 모든 곳에 있되 위에 집착하지 않으며 내면이 항상 깨끗하여 눈, 코, 귀, 혀, 몸, 뜻 6근에서 나오는 여러 가지 망상이 눈, 코, 귀, 혀, 몸, 뜻 여섯 문에서 나와 색, 성, 향, 미, 촉, 법 6경에서 떠나지도 않고 집착하지도 않고 자유롭게 오고 가면서 공의 진리를 깨닫고 밝은 경지에 이르러 해탈을 얻는 것이다. 이를 무념행이라고 부른다.

아무것도 생각하지 않고 아무 생각도 하지 않는 것은 진리를 추구하는 마음에 얽매이는 것이며 한쪽만 보는 편견이다. 무념의 도리를 깨달은 이는 모든 도리에 통달하다. 무념의 도리를 깨달은 이는 부처의 모든 경지를 본다. 무념의 도리를 깨달은 이는 부처와 같은 경지에 오른 것이다."

何名無念?無念法者, 見一切法, 不著一切法; 遍一切處, 不著一切處. 常淨自性, 使六賊從六門走出, 於六塵中不離不染, 來去自由, 卽是般若三昧, 自在解脫, 名無念行. 若百物不思, 當令念絶, 卽是法縛, 卽名邊見. 悟無念法者, 萬法盡通. 悟無念法者, 見諸佛境界. 悟無念頓法者, 至佛位地.

❖

"그대들이여, 내가 가르치는 진리를 대대로 전하라. 내가 깨달은 불성은 내 육신이 사라짐에 따라 사라지지 않고 시간이 흐를수록 드러날 것이다. 그대들이여, 이 돈교 방법과 이념을 널리 퍼뜨리라. 배우고 실천하려는 이들은 불법을 섬기고 평생토록 신념과 행동이 변하지 않지만 최고 경지에 도달하고자 하면 전승해야 한다. 이 법문은 처음부터 묵계에 따라 대대로 전해 내려왔다. 일단 받으면 맹세를 하고 영원한 지혜를 지켰다. 견해가 다르거나 뜻이 없으면 함부로 떠들거나 앞사람을 폄훼하지 말라. 그렇게 하는 것은 아무 이익도 없다. 어리석은 이가 이해하지 못하고 이 법문을 비방한다면 해탈과는 영원히 인연이 없을 것이다."

善知識, 後代得吾法者, 常見吾法身不離汝左右. 善知識, 將此頓教法門於同見同行, 發願受持, 如事佛教, 終身受持而不退者, 欲入聖位, 然須傳授. 從上已來, 默然而付於法, 發大誓願, 不退菩提, 卽須分付. 若不同見解, 無有志願, 在在處處, 勿妄宣傳, 損彼前人, 究竟無益. 若愚人不解, 謗此法門, 百劫千生, 斷佛種性.

❖

대사께서 말씀하셨다.

"그대들이여, '무상송'을 들어라. 너희 미혹한 사람들의 죄를 없앨 것이니 '멸죄송'이라고도 한다."

게송은 이러했다.

어리석은 사람은 복은 닦고 도는 닦지 않으면서
복을 닦음이 곧 진리라고 말한다
재물을 보시하고 불상과 불문의 제자들에게
재물을 공양하면 무한한 복을 쌓을 수 있으나
마음속 욕심, 분노, 어리석음은 사라지지 않고 계속 생겨난다
복을 닦아 죄를 없애고자 하면
내세의 복은 얻을 수 있어도 죄는 그대로 있다
만약 마음속에서 죄의 인연을 없앨 수 있다면
자기 본성 속에서 진정한 참회를 얻을 수 있을 것이다

대승의 진정한 참회를 깨달으면
악함에서 멀어지고 바른 행동을 하여 죄가 없어질 것이다

도를 배우는 사람이 자기 마음을 살필 수 있으면

깨달음을 얻은 사람과 같은 경지에 오른 것이다

홍인대사께서 우리에게 돈교의 가르침을 전하게 하신 것은

배우고자 하는 사람이 모두 한 몸 되기를 바라서이다

장차 분별이 없고 더럽혀지지 않은 본체를 찾고자 한다면

욕심, 분노, 어리석음을 씻어 내라

각자 진리를 깨달으려 노력하고 세월을 헛되이 보내지 말라

금세 시간이 지나가 한 시대가 끝날 것이니

대승의 돈교를 만났다면

정성들여 합장하고 마음으로 깨달음을 구하라

大師言: 善知識, 聽吾說《無相頌》, 令汝迷者罪滅. 亦名《滅罪頌》. 頌曰:

愚人修福不修道, 謂言修福便是道.

布施供養福無邊, 心中三惡原來造.

若將修福欲滅罪, 後世得福罪元在.

若解向心除罪緣, 各自性中眞懺悔.

若悟大乘眞懺悔, 除邪行正卽無罪.

學道之人能自觀, 卽與悟人同一類.

大師今傳此頓教, 願學之人同一體.

若欲當來覓本身, 三毒惡緣心裏洗.

努力修道莫悠悠, 忽然虛度一世休.

若遇大乘頓教法, 虔誠合掌至心求.

❖

혜능대사가 말을 마치자 모두들 이렇게 훌륭한 설법을 들어 본 적이 없다며 감탄했다.

위사군이 앞으로 나와 예를 올리며 가르침을 청했다.

"명철한 이치입니다. 그런데 의문이 한 가지 있어 가르침을 청합니다. 자비로운 대사님께서 설명해 주십시오."

혜능이 말했다.

"의문이 있으면 주저하지 말고 물으라."

위사군이 물었다.

"대사께서 말씀하신 것은 서쪽 나라에서 오신 일조 달마조사의 말씀이 아닙니까?"

"그렇다."

"제자가 듣기에 달마대사께서 양나라 무제를 교화하실 때, 무제가 달마대사께 '짐이 오랫동안 절을 짓고 보시하고 불, 법, 승을 공양하였는데 공덕이 있습니까?'라고 묻자, 달마대사께서 '공덕이 없습니다'라고 대답하셨습니다. 무제가 말없이 달마대사를 나라 밖으로 내보냈다고 하는데 달마대사의 말씀을 잘 이해하지 못하겠습니다. 대사님께서 말씀해 주시길 청합니다."

혜능대사께서 말씀하셨다.

"실로 공덕이 없으니 달마대사의 말씀을 의심하지 말라. 달마대사는 무제의 방법이 틀렸으며 불법을 진정으로 이해하지 못했다고 생각하신 것이다."

위사군이 물었다.

"어찌하여 공덕이 없습니까?"

"절을 짓고 보시하며 불, 법, 승을 공양하는 것은 그저 복을 심는 것이다. 복을 심는 것을 공덕이라고 하지 말라. 공덕은 법신에 있지 복밭에 있지 않다. 자신의 불성에서 공덕을 만들어야 한다. 자신의 사상이 허망하면 진정으로 공덕을 쌓았다고 할 수 없다. 매 순간 분별을 초월해 자연스럽게 살면 큰 공덕이 있을 것이다. 공경하게 행동하고 스스로 몸을 닦는 것이 공이고, 스스로 마음을 수련하는 것이 덕이다. 공덕은 자기 마음에서 나오며 복덕과 다르다. 무제가 불법을 바르게 이해하지 못한 것이지 달마조사가 틀린 것이 아니다."

大師說法了, 韋使君, 官僚, 僧衆, 道俗, 贊言無盡, 昔所未聞.

使君禮拜, 白言: "和尙說法, 實不思議. 弟子當有少疑, 欲問和尙, 望和尙大慈大悲, 爲弟子說."

大師言: "有疑卽問, 何須再三."

使君問: "法, 可不是西國第一祖達摩祖師宗旨?"

大師言: "是."

使君問: "弟子見說達摩大師化梁武帝, 帝問達摩: 朕一生已來造寺, 布施,供養, 有功德否? 達摩答言: 幷無功德. 武帝惆悵, 遂遣達摩出境. 未審此言, 請和尙說."

六祖言: "實無功德, 使君勿疑. 達摩大師言武帝著邪道, 不識正法."

使君問: "何以無功德?"

和尙言: "造寺,布施,供養, 只是修福, 不可將福以爲功德. 功德在法身, 非在於福田. 自法性有功德. 自性虛妄, 法身無功德. 念念行平等直心, 德卽不輕. 常行於敬, 自修身卽功, 自修心卽德. 功德自心作, 福與功德別. 武帝不識正理, 非祖大師有過."

❖

위사군이 또 물었다.

"제자가 보니 승려와 속인들이 항상 아미타불을 생각하면서 서방에서 태어나기를 바랍니다. 말씀해 주십시오. 그곳에서 태어날 수가 있습니까? 제 의심을 풀어 주십시오."

혜능대사께서 말씀하셨다.

"사군은 들어라. 혜능이 말해 주겠다. 세존께서 사위국에 계시면서 서방 정토로 인도하며 말씀하셨다. 불경에서 분명히 이르기를 '여기서 멀지 않다'고 하였다. 다만 근기가 낮은 사람은 멀다. 가깝다고 말하는 것은 지혜가 높은 사람 때문이다. 사람에는 두 종류가 있지만 법은 그렇지 않다. 미혹함과 깨달음이 달라서 견해에 더디고 빠름이 있을 뿐이다. 미혹한 사람은 염불하여 서방에서 태어나려고 하지만, 깨달은 사람은 스스로 마음을 깨끗이 한다. 그러므로 부처님께서 '마음이 깨끗하면 부처의 땅도 깨끗하다'고 말씀하셨다.

사군아, 동쪽 사람일지라도 다만 마음이 깨끗하면 죄가 없고, 서쪽 사람일지라도 마음이 깨끗하지 않으면 허물이 있느니라. 두 곳이 다르지만 마음은 똑같다. 마음이 깨끗하지 않으면 서방이 여기서 멀지 않고, 마음에 깨끗하지 않은 생각이 일어나면 아무리 염불해도 서방에서 태어나기가 어렵다. 악을 열 가지 없애면 십만 리를 가는 것과 같고, 그릇됨을 여덟 가지 없애면 팔천 리를 가는 것과 같다. 매 순간 자기 본성을 지키면 손가락 한 번 튕기는 사이에도 서방에 닿을 수 있다.

사군아, 끊임없이 선한 일을 한다면 서방에서 태어나기를 바랄 필요가 있겠느냐? 악한 생각과 행동을 끊지 못한다면 어느 부처가 서방으로 오라고 청하겠느냐? 무생무멸의 돈교를 깨달으면 찰나에도 서방을 볼 것이고, 돈교의 큰 가르침을 깨닫지 못하면 염불을 해도 서방으로 가는 길이 멀 것이니 어떻게 도달하겠는가?"

使君禮拜. 又問: "弟子見僧俗常念阿彌陀佛, 願往生西方. 請和尚說得生彼否? 望爲破疑."

大師言: "使君, 聽慧能與說. 世尊在舍衛城說西方引化, 經文分明, 去此不遠. 只爲下根說遠, 說近只緣上智. 人有兩種, 法無兩般. 迷悟有殊, 見有遲疾. 迷人念佛生彼, 悟者自淨其心. 所以佛言: 隨其心淨則佛土淨. 使君, 東方人但淨心卽無罪; 西方人心不淨亦有愆, 迷人願生東方. 兩種所在處, 幷皆一種心地, 但無不淨. 西方去此不遠, 心起不淨之心, 念佛往生難到. 除十惡卽行十萬, 無八邪卽過八千, 但行直心, 到如彈指. 使君, 但行十善, 何須更願往生? 不斷十惡之心, 何佛卽來迎請? 若悟無生頓法, 見西方只在刹那; 不悟頓教大乘, 念佛往生路遠, 如何得達?"

❖

혜능께서 말씀하셨다.

"내가 서쪽 나라를 찰나 사이에 옮겨 눈앞에 보여 준다면 보기를 바라는가?"

사군이 말했다.

"이즘 서방을 볼 수 있다면 하필 가서 나겠습니까. 원컨대 스님께서 자비로써 서쪽 나라를 보여 주시면 매우 좋겠습니다."

대사께서 말씀하셨다.

"지금 우리가 이미 서방에 와 있다. 의심이 없으면 이제 돌아가거라."

사람들이 대중들이 놀라 영문을 모르자 대사께서 말씀하셨다.

"모두 잘 들어라. 우리의 색신은 성(城)이고, 눈, 귀, 코, 혀, 몸은 성의 문이다. 밖으로 문이 다섯 개 있고 안으로는 뜻의 문이 있다. 마음은 곧 땅이요, 본성은 곧 왕이다. 본성이 있으면 왕이 있고, 본성을 잃으면 왕도 존재하지 않는다. 본성이 있으면 몸과 마음도 있고, 본성이 없으면 몸과 마음도 무너진다.
부처는 자기 본성에서 구하는 것이다. 절대로 몸 밖에서 구하지 말라. 자기 본성이 미혹하면 부처라도 중생이 되고, 자기 본성이 깨달음을 얻으면 중생이라도 부처가 될 수 있다. 자비로운 마음이 있으면 관음보살이고, 베푸는 마음이 있으면 세지 보살이다. 스스로 깨끗해질 수 있으면 석가모니이고, 평등하고 곧으면 미륵불이다. 남과 나를 분별하는 것은 수미산이고, 사악한 마음은 바다이며, 번뇌는 파도이고, 독한 마음은 악한 용이며, 먼지는 물고기와 자라다. 허망함은 귀신이고, 독 세 가지는 지옥이며, 어리석음은 짐승이고, 선함 열 가지는 천당이다. 남과 나를 분별하지 않으면 수미산이 무너지고, 악한 마음을 없애면 물고기와 용이 사라지며, 자기 마음속에서 본성을 깨달으면 본성의 지혜가 크고 밝아서 눈, 귀, 코, 혀, 몸, 뜻 여섯 문이 깨끗해지고 여섯 하늘의 속박에서 벗어날 수 있다. 자기 본성을 바라보면 독 세 가지가 사라지고 지옥이 일시에 사라진다. 안팎으로 마음이 밝으면 서방 정토와 다르지 않다. 이렇게 수행하지 않고 어떻게 서방 정토에 닿을 수 있겠는가?"

그 자리에 있던 사람들이 모두 듣고 감탄했다. 미혹한 사람이라도 그 뜻을 이해할 수 있었다.
위사군이 예를 올리며 말했다.

"대사님의 설법을 듣는 모든 이가 부처의 진리를 깨닫기를 바랍니다."

六祖言: "慧能與使君移西方刹那間, 目前便見. 使君願見否?"

使君禮: "若此得見, 何須往生. 願和尙慈悲, 爲現西方, 大善."

大師言: "一時見西方, 無疑卽散."

大衆愕然, 莫知何事.

大師曰: "大衆大衆作意聽, 世人自色身是城, 眼耳鼻舌身是城門, 外有五門, 內有意門. 心卽是地, 性卽是王. 性在王在, 性去王無. 性在身心存, 性去身心壞. 佛是自性作, 莫向身外求. 自性迷, 佛卽是衆生; 自性悟, 衆生卽是佛. 慈悲卽是觀音, 喜舍名爲勢至, 能淨是釋迦, 平直卽是彌勒. 人我卽是須彌, 邪心卽是海水, 煩惱卽是波浪, 毒心卽是惡龍, 塵勞卽是魚鼈, 虛妄卽是鬼神, 三毒卽是地獄, 愚癡卽是畜生, 十善卽是天堂. 無人我, 須彌自倒; 除邪心, 海水竭; 煩惱無, 波浪滅; 毒害除, 魚龍絶. 自心地上覺性如來, 施大智慧光明, 照耀六門淸淨, 照破六欲諸天下, 照三毒若除, 地獄一時消滅. 內外明徹, 不異西方. 不作此修, 如何到彼?"

座下聞說, 贊聲徹天, 應是迷人了然便見. 使君禮拜, 贊言: "善哉! 善哉! 普願法界衆生, 聞者一時悟解."

혜능대사께서 말씀하셨다.

“그대들이여, 수행하기 위해 반드시 출가하여 승려가 되어야 하는 것이 아니다. 집에서도 수행할 수 있다. 수행은 집에 있든 절에 있든 관계없다. 출가한 사람도 절에서 수행하지 않으면 서방에도 악을 행하는 사람이 있는 것과 같고, 집에서도 수행할 수 있다면 동방에도 선을 행하는 사람이 있는 것과 같다. 자기 자신을 깨끗이 한다면 그곳이 곧 서방 정토이니라.”

大師言: “善知識, 若欲修行, 在家亦得, 不由在寺. 在寺不修, 如西方心惡之人. 在家若修行, 如東方人修善, 但願自家修淸淨, 卽是西方.”

就像东方也有行善之人. 只要自己修行自己清净, 就是到了西方.”

위사군이 물었다.

“대사님, 세속에 있으면서 어떻게 수행할 수 있습니까? 가르쳐 주십시오.”

대사께서 말씀하셨다.

"그대들이여, 혜능이 승려와 속인들을 위해 '무상송'을 지어 줄 터이니 모두 외우라. 이것을 따라 수행하면 혜능과 함께 있는 것과 마찬가지다."

혜능이 게송으로 말씀하셨다.

남의 가르침으로 깨닫든 스스로 깨닫든
허공에 뜬 태양처럼 모든 것을 밝게 비출 수 있네
돈교의 이치를 전수하는 것은
세상의 사악하고 그릇된 이치를 깨뜨리기 위함이로다
이치는 점차 깨닫든 갑자기 깨닫든 차이가 없지만
사람은 어리석은 사람과 지혜로운 사람이 있으니
깨달음도 느리고 빠름의 차이가 있도다
어리석은 이는 갑자기 깨닫는 방법으로는 깨달을 수 없다네
이치를 말하는 사람은 여러 가지로 비유하지만
사실 이치는 단 하나이리니
번뇌의 어두운 집 속에서 항상 지혜의 해가 떠오르게 하라
사악한 생각은 번뇌로 인해 생겨나고
바른 깨달음은 번뇌를 없애나니
사악함과 바름도 모두 우리 의식의 산물일 뿐이니

이 헛된 것을 초월해야만

절대적인 깨끗한 경지에 도달할 수 있다네

사람의 지혜는 본래 깨끗하나

마음에서 이것저것 구하고 분별하는 생각이 일어나면

사물의 본래 면모에서 벗어나 헛된 망상에 빠지게 되리니

바른 깨달음만이 여러 장애를 없애는도다

세속에서 도를 닦더라도 아무것도 방해가 되지 않나니

항상 자기 허물을 보아야만

도와 더불어 서로 합할 수 있다네

만물에 스스로 도가 있으니

각자의 도를 떠나 다른 도를 찾지 말라

밖에서 도를 찾으니 결국 도를 보지 못하고

스스로 번뇌에 빠지게 된다네

진정한 도를 찾으려 한다면

그대 자신의 본성에 의지해 바르게 행하라

바른 마음을 잃으면

어둠 속을 걸으며 길을 보지 못하는 것과 같도다

진정으로 도를 닦는 사람은

남의 허물을 보지 않고 남을 원망하지 않는다

남의 허물만 보인다면 그것은 자신의 잘못이다

남의 잘못은 나의 죄요, 나의 잘못은 자기 책임이니

잘못된 생각을 버리고 번뇌를 쳐부수어야 한다

만약 어리석은 사람을 교화하려면 방법이 있어야 하나니

남에 대한 의심을 깨뜨리면 곧 지혜가 나타날 것이네

불법은 원래 세상에 있지만 또 세상을 초월하도다

세상을 떠나지 말고 밖에서 불법을 구하지 말라

마음이 사악한 생각으로 가득 차면 속세에 빠지고

마음이 바른 생각으로 가득 차면

속세를 벗어날 수 있으리니

사악함과 바람의 분별을 다 물리치면

지혜의 본성을 볼 수 있을 것이로다

이것이 돈교의 가르침이자 대승의 가르침이로다

미혹하면 수많은 세월 동안 깨닫지 못하고 윤회를 거듭하고

깨달으면 찰나에도 해탈을 얻을 수 있으리

使君問: "和尙, 在家如何修?願爲指授."

大師言: "善知識, 慧能與道俗作〈無相頌〉, 盡誦取, 依此修行, 常與慧能一處無別."

頌曰:

使君問: "大師, 在家如何修行呢? 請爲我們講授."

慧能說: “各位, 我爲大家說〈無相頌〉, 如果好好誦讀, 照此修行, 就等于總是和我在一起. 頌文是:

說通及心通, 如日處虛空, 惟傳頓敎法, 出世破邪宗.
敎卽無頓漸, 迷悟有遲疾, 若學頓法門, 愚人不可悉.
說卽雖萬般, 合理還歸一, 煩惱暗宅中, 常須生慧日.
邪來因煩惱, 正來煩惱除, 邪正悉不用, 淸淨至無餘.
菩提本淸淨, 起心卽是妄, 淨性於妄中, 但正除三障.
世間若修道, 一切盡不妨, 常見在己過, 與道卽相當.
色類自有道, 離道別覓道, 覓道不見道, 到頭還自懊.
若欲覓眞道, 行正卽是道, 自若無正心, 暗行不見道.
若眞修道人, 不見世間過, 若見世間非, 自非却是左.
他非我不罪, 我非自有罪, 但自去非心, 打破煩惱碎.
若欲化愚人, 事須有方便, 勿令彼有疑, 卽是菩提現.
法元在世間, 於世出世間, 勿離世間上, 外求出世間.
邪見是世間, 正見出世間, 邪正悉打却, 菩提性宛然.
此但是頓敎, 亦名爲大乘, 迷來經累劫, 悟卽刹那間.”

❖

대사께서 말씀하셨다.

"그대들이여, 모두 이 게송을 외우고 이에 따라 수행하라. 그러면 나와 천 리를 떨어져 있어도 항상 내 곁에 있는 것과 같고, 이를 외우고 수행하지 않으면 나와 얼굴을 마주하여도 천 리를 떨어져 있는 것과 같다. 각각 스스로 수행하며 허송세월하지 말라. 나는 조계산으로 돌아가겠다. 의문이 있으면 저 산으로 나를 찾아오너라. 너희의 의심을 걷고 함께 불성을 깨닫겠노라."

모두 혜능대사에게 예를 올리며 감탄했다.

"훌륭하십니다. 이렇게 훌륭한 가르침은 들어 본 적이 없습니다. 영남에 복이 있어 살아 있는 부처님이 이곳에 오실 줄 누가 알았겠습니까?"

그런 다음 모두들 돌아갔다.

大師言: "善知識, 汝等盡誦取此偈, 依此偈修行, 去慧能千裏, 常在能邊. 依此不修, 對面千裏遠. 各各自修, 法不相待. 衆人且散, 慧能歸曹溪山. 衆生若有大疑, 來彼山間, 爲汝破疑, 同見佛性."

合座官僚, 道俗, 禮拜和尙, 無不嗟歎: "善哉大悟, 昔所未聞. 嶺南有福, 生佛在此, 誰能得知."一時盡散.

❖

혜능대사께서 조계산으로 가서 소주와 광주에서 40년 넘게 불법을 전파하셨다. 제자가 승려와 속인 모두 합쳐 3~5천 명이라 이루 다 헤아릴 수 없었고, 《단경》을 경서로 삼아 이에 의지해 전수하게 하셨다. 《단경》을 얻어 그것을 깨닫지 못했다면 혜능대사의 제자라고 할 수 없다. 어디서, 언제, 누가, 이 셋을 반드시 알고 대대로 전수한 것이다. 《단경》의 가르침을 계승하지 않으면 남종의 제자가 아니다. 《단경》을 계승하지 않은 사람은 돈교의 방법을 말해도 다툼이 일어날 수 있다. 돈교의 가르침을 얻은 사람은 잘 수행하기만 하면 되며, 다툼은 승부욕이 일으킨 것이므로 불법과는 어긋나는 것이다.

'남쪽에는 혜능이 있고 북쪽에는 신수가 있다'고들 말하지만 이는 옳지 않다. 신수선사는 남형부 당양현 옥천사에서 수행하고, 혜능대사는 소주성 동쪽 35리 떨어진 조계산에 머무셨다.

이치는 하나지만 사람이 남쪽과 북쪽이 있어 남쪽과 북쪽의 방법이 달라졌다.

어째서 '점'과 '돈'을 구분하는가? 이치는 하나지만 불법을 깨닫는 데는 더딤과 빠름이 있기 때문이다. 더디게 깨닫는 것을 '점'이라 하고 빠르게 깨닫는 것을 '돈'이라 한다. 불법 자체에 어찌 점과 돈의 구분이 있겠는가? 사람에게 영리함과 우둔함의 차이가 있어서 방법이 점과 돈, 두 가지로 생기게 된 것이다.

大師往曹溪山, 韶, 廣二州行化四十餘年. 若論門人, 僧之與俗, 約有三五千人, 說不可盡. 若論宗旨, 傳授《壇經》, 以此爲依約. 若不得《壇經》, 卽無稟受. 須知去處, 年月日, 姓名, 遞相付囑. 無《壇經》稟承, 非南宗弟子也. 未得稟承者, 雖說頓教法, 未知根本, 終不免諍. 但得法者, 只勸修行. 諍是勝負之心, 與佛道違背.

世人盡傳南能北秀, 未知根本事由. 且秀禪師於南荊府當陽縣玉泉寺住持修行, 慧能大師於韶州城東三十五裏曹溪山住. 法卽一宗, 人有南北, 因此便立南北. 何以頓漸? 法卽一種, 見有遲疾, 見遲卽漸, 見疾卽頓. 法無頓漸, 人有利鈍, 故名漸頓.

❖

사람들이 혜능의 방법은 사람을 빠르게 깨닫도록 이치를 곧장 가르쳐 준다고 말했다. 그러자 신수선사가 그 말을 듣고 제자 지성스님을 불러 말했다.

"너는 총명하고 지혜가 많으니 조계산으로 가서 혜능에게 예를 올린 뒤 설법을 진지하게 듣되 내가 보냈다고 하지 말라. 들은 것을 기억하고 돌아와 나에게 말해라. 혜능과 나의 방법을 비교하여 누가 빠르고 누가 더딘지를 보겠다. 내가 너를 탓하지 않도록 최대한 빨리 돌아오너라."

神秀師常見人說慧能法疾, 直指見路. 秀師遂喚門人志誠曰: "汝聰明多智. 汝與吾至曹溪山到慧能所, 禮拜但聽, 莫言吾使汝來. 所聽得意旨, 記取却來與吾說, 看慧能見解, 與吾誰疾遲. 汝第一早來, 勿令吾怪."

❖

지성이 기쁘게 분부를 받들어 길을 떠난 뒤 보름이 걸려서 조계산에 도달하였다. 그는 혜능스님을 뵙고 예를 올린 뒤 법문을 들었으나 어디에서 왔는지는 말하지 않았다. 지성이 설법을 듣고 자기 본성에 부합한다는 것을 단숨에 깨달았다. 그가 일어나 예를 올리며 말했다.

"스님, 저는 옥천사에서 왔습니다. 신수스님 밑에서는 깨닫지 못했으나 스님의 설법을 듣고 깨달았습니다. 스님께서는 자비로써 저를 다시 가르쳐 주십시오."

志誠奉使歡喜, 遂行, 半月中間, 卽至曹溪山, 見慧能和尙, 禮拜卽聽, 不言來處. 志誠聞法, 言下便悟, 卽契本心, 起立卽禮拜, 白言: "和尙, 弟子從玉泉寺來. 秀師處, 不得契悟, 聞和尙說, 便契本心. 和尙慈悲, 願當敎示."

❖

혜능대사께서 말씀하셨다.

"네가 거기에서 왔다면 염탐꾼이겠구나."

지성이 말하였다.

"그렇지 않습니다."

"어째서 그렇지 않은가?"

"말하기 전에는 그러했지만 말씀드렸으니 이미 아니옵니다."

"번뇌가 곧 보리임도 같은 이치니라."

慧能大師言: "汝從彼來, 應是細作."

志誠曰: "不是."

六祖曰: "何以不是?"

志誠曰: "未說時卽是, 說了卽不是."

六祖言: "煩惱卽是菩提, 亦複如是."

혜능대사께서 지성에게 말씀하셨다.

"내가 들으니 네 사부가 사람들에게 계, 정, 혜만 가르친다고 했는데 그것이 어떤 것인지 말해 보아라."

지성이 대답했다.

"신수스님은 모든 악한 일을 하지 않는 것이 계이고, 모든 선을 행하는 것이 혜이며, 스스로 마음을 깨끗이 하는 것을 정이라고 하셨습니다. 스님은 그렇게 생각하지 않으십니까?"

大師謂志誠曰: "吾聞汝禪師教人唯教戒定慧. 汝和尙教人戒定慧如何? 當爲吾說."

志誠曰: "秀和尙言戒定慧: 諸惡不作名爲戒, 諸善奉行名爲慧, 自淨其意名爲定. 此卽名爲戒定慧. 彼作如是說, 不知和尙所見如何?"

❖

혜능스님께서 대답하셨다.

"네 사부의 말을 이해할 수 없구나. 내 생각은 다르다."

지성이 여쭈었다.

"무엇이 다릅니까?"

혜능스님께서 대답하셨다.

"이해력이 사람마다 다르니 깨달음에도 더디고 빠름이 있느니라."

慧能和尙答曰: "此說不可思議. 慧能所見又別."

志誠問: "何以別?"

慧能答曰: "見有遲疾."

지성이 계, 정, 혜를 설명해 달라고 청했다.

혜능대사께서 말씀하셨다.

"마음속에 시비가 없으며 자기 본성이 계의 경지에 있는 것이고, 마음속이 어지럽지 않으면 자기 본성이 정의 경지에 있는 것이며, 마음속에 어리석음이 없으면 자기 본성이 혜의 경지에 있는 것이다."

혜능대사께서 말씀하셨다.

"네 사부가 말하는 계, 정, 혜는 깨닫는 능력이 높지 않은 사람에게 어울리는 것이고, 내가 말하는 계, 정, 혜는 깨닫는 능력이 높은 사람에게 어울리는 것이다. 자기 본성을 깨달으면 사실 계, 정, 혜를 세울 필요가 없다."

지성이 물었다.

"세우지 않는다는 말씀은 무슨 뜻입니까?"

대사께서 말씀하셨다.

"자기의 본성에 시비도 어지러움도 어리석음도 없어서 매 순간 지혜로 관조하며 모든 표상을 초월하는데 또 무엇을 세우겠는가? 자기 본성이 찰나에 깨닫고 수행한다면 점차 깨닫는 과정이 필요하지 않다. 그러므로 형식적 법칙을 수립할 필요가 없다."

지성은 예를 올린 뒤 혜능이 제자가 되어 조계산을 떠나지 않고 계속 혜능을 모셨다.

志誠請和尙說所見戒定慧.

大師言: "汝聽吾說, 看吾所見處: 心地無非自性戒, 心地無亂自性定, 心地無癡自性慧."

大師言: "汝師戒定慧勸小根智人, 吾戒定慧勸上智人, 得吾自性, 亦不立戒定慧."

志誠言: "請大師說不立如何?"

大師言: "自性無非無亂無癡, 念念般若觀照, 常離法相, 有何可立? 自性頓修, 亦無漸次, 所以不立."

志誠禮拜, 便不離曹溪山, 卽爲門人, 不離大師左右.

❖

또 법달이라는 스님이 있었는데 7년 동안《법화경》을 읽었지만 여전히 마음이 미혹하여 바른 불법을 찾지 못했다. 그가 조계산에 와서 혜능대사에게 예를 올린 뒤 물었다.

"저는 7년 동안《법화경》을 읽었지만 여전히 마음이 미혹하여 불경에 의심을 품고 있습니다. 지혜가 넓고 크신 스님께서 제 의심을 풀어 주시길 바랍니다."

又有一僧名法達, 常誦《妙法蓮華經》七年, 心迷不知正法之處. 來至曹溪山,禮拜, 問大師言: "弟子嘗誦《妙法蓮華經》七年, 心迷不知正法之處, 經上有疑. 大師智慧廣大, 願爲除疑."

❖

대사께서 말씀하셨다.

"법달아, 불법은 통달하였으나 네 마음은 통달하지 못하였구나. 불경 자체에 의심이 있는 것이 아니라 네 마음에 의심이 있다. 네 마음이 비뚤어져 있으면서 바른 법을 구하는구나. 너의 바른 마음이 불경을 들고 읽는 것이다. 나는 한평생 글을 모른다.《법화경》을 가져와서 내 앞에서 읽어 보아라. 내가 그 안의 이치를 알려 주겠다."

大師言: "法達, 法卽甚達, 汝心不達, 經上無疑, 汝心自疑. 汝心自邪, 而求正法. 吾心正定, 卽是持經. 吾一生已來, 不識文字. 汝將《法華經》來, 對吾讀一遍, 吾聞卽知."

❖

법달이 불경을 가지고 와서 혜능대사에게 읽어 주었다. 대사께서 듣고 곧 부처님의 뜻을 알고 법달에게 설명해 주었다.

대사께서 말씀하셨다.

"법달아, 《법화경》에는 많은 말이 없다. 일곱 권 모두 불법을 비유적으로 설명하고 있다. 부처님께서 부처가 되는 방법 세 가지(성문승, 연각승, 보살승)를 전파하신 것은 우둔한 중생들을 위함이다. 불경에서 '오로지 방법은 한 가지뿐, 다른 방법은 없다'고 분명히 말하였다."

法達取經, 對大師讀一遍. 六祖聞已, 卽識佛意, 便與法達說《法華經》. 六祖言: "法達,《法華經》無多語, 七卷盡是譬喩因緣. 如來廣說三乘, 只爲世人根鈍; 經文分明, 無有餘乘, 唯有一佛乘."

❖

대사께서 말씀하셨다.

"법달아, 너는 유일한 불법을 믿어야 한다. 이불승을 구하여 네 본성을 미혹하게 하지 말라. 불경에서 어느 곳이 유일한 불법인지 말해 주겠다. 불경에 이르기를 '모든 부처님은 커다란 인연 한 가지가 있기 때문에 세상에 태어나셨다'고 했다. 이 불법을 어떻게 이해할 것이며, 어떻게 수행할 것인가? 내 말을 들어라. 사람의 마음은 어지럽게 생각하지 않아도 본래 '공'의 경지에 도달해 그릇된 생각을 떨칠 수 있다. 이것이 곧 커다란 인연 한 가지다. 마음속으로든 밖으로든 모두 미혹하지 않으면 분별을 초월할 수 있다. 밖으로 미혹하면 표상에 집착하고, 안으로 미혹하면 허공에 집착한다. 속세에 있으면서 속세를 초월하고, 허공에 있으면서 허공을 초월할 수 있으면 안팎을 미혹하지 않은 것이다. 이 이치를 깨닫는다면 찰나에 마음이 열리며 눈앞이 밝아질 수 있다.

세상에 나타나 열고자 한 것이 무엇인가? 부처님의 지혜와 생각이다. 부처란 깨달음을 뜻한다. 네 가지로 나뉘는데 깨달음의 지혜를 여는 것과 깨달음의 지혜를 보는 것, 깨달음의 지혜를 깨닫는 것, 깨달음의 지혜로 들어가는 것이다. 열고, 보고, 깨닫고, 들어가는 것이 비록 네 가지지만 '깨달음의 지혜'라는 핵심은 한 가지다. 깨달음의 지혜가 있어야만 우리가 본성을 볼 수 있고, 세상의 번뇌에서 벗어날 수 있다."

大師: "法達, 汝聽一佛乘, 莫求二佛乘, 迷却汝性. 經中何處是一佛乘? 吾與汝說. 經雲: 諸佛世尊, 唯以一大事因緣故, 出現於世(以上十六字是正法). 此法如何解? 此法如何修? 汝聽吾說. 人心不思本源空寂, 離却邪見, 卽一大事因緣. 內外不迷, 卽離兩邊. 外迷著相, 內迷著空, 於相離相, 於空離空, 卽是內外不迷. 若悟此法, 一念心開. 出現於世, 心開何物? 開佛知見. 佛猶覺也, 分爲四門: 開覺知見, 示覺知見, 悟覺知見, 入覺知見. 開, 示, 悟, 入, 從一處入, 卽覺知見, 見自本性, 卽得出世."

❖

대사께서 말씀하셨다.

"법달아, 나는 모든 사람이 마음속에서 중생의 생각이 아니라 부처의 지혜와 생각을 열기를 바란다. 사람들의 마음이 비뚤어지고 어리석고 미혹하여 악업을 지으면 중생의 생각밖에는 할 수 없다. 마음이 정직하고 솔직하여 지혜로서 모든 것을 바라본다면 저절로 부처의 지혜와 생각을 갖게 될 것이다. 중생의 생각에 머물지 말고 부처의 지혜와 생각으로 올라가면 속세를 벗어날 수 있다."

대사께서 말씀하셨다.

"법달아, 이것이 《법화경》에서 말하는 유일한 불법이다. 미혹한 사람들은 불법이 세 가지 있는 줄 알지만 너는 유일한 불법에 의지해야 한다."

대사께서 말씀하셨다.

"법달아, 마음으로 수행하면 《법화경》을 진정으로 이해할 수 있지만, 마음으로 수행하지 않으면 《법화경》에 얽매이게 된다. 마음이 바르면 《법화경》을 이해하고, 마음이 비뚤어지면 《법화경》에 얽매이게 된다. 부처님의 지혜와 생각을 열면 《법화경》을 진정으로 이해할 수 있지만 중생의 생각을 열면 《법화경》에 얽매이게 된다."

대사께서 말씀하셨다.

"힘써 불법대로 수행하면 이것이 곧 불경을 진정으로 이해하는 것이다."

법달이 그 말을 듣고 곧 깨달아 슬피 울며 말했다.

"스님, 7년 동안 지금까지《법화경》을 진정으로 이해하지 못하고 그 글자에 얽매여 왔습니다. 앞으로는《법화경》에 따라 불법을 수행하겠습니다."

대사께서 말씀하셨다.

"부처님 행이 곧 부처님이니라(卽佛行是佛)."

그때 듣는 사람으로서 깨치지 않은 이가 없었다.

大師言: "法達, 吾常願一切世人心地常自開佛知見, 莫開衆生知見. 世人心邪, 愚迷造惡, 自開衆生知見; 世人心正, 起智慧觀照, 自開佛知見. 莫開衆生知見, 開佛知見, 卽出世."

大師言: "法達, 此是《法華經》一乘法, 向下分三, 爲迷人故. 汝但依一佛乘."

大師言: "法達, 心行轉《法華》, 不行《法華》轉; 心正轉《法華》, 心邪《法華》轉; 開佛知見轉《法華》, 開衆生知見被《法華》轉."

大師言: "努力依法修行, 卽是轉經."

法達一聞, 言下大悟, 涕淚悲泣, 白言: "和尙, 實未曾轉《法華》, 七年被《法華》轉. 已後轉《法華》, 念念修行佛行."

❖

그 무렵 지상이라는 스님이 조계산에 와서 혜능대사께 예를 올리고 사승법의 뜻을 물었다.

"불법에 부처가 되는 방법으로 성문, 각연, 보리 세 가지가 있다고 하고, 또 최상승의 방법이 있다고 했는데 그 뜻을 이해할 수 없으니 가르쳐 주시기 바랍니다."

혜능이 대답했다.

"마음을 차분히 가라앉히고 형식에 집착하지 말라. 불법에는 원래 차별이 없고 각기 다른 방법이 네 가지 존재하지도 않는다. 사람의 마음에 경지가 네 가지 있어서 그것에 따라 방법을 네 가지로 나눈 것이다. 불경을 읽거나 듣는 것은 소승이고, 불경의 뜻을 이해하는 것은 중승이며, 부처의 가르침에 따라 수행하는 것은 대승이다. 또 모든 불법을 이해하고 여러 가지 현상에 통달하여 속세에 있으면서 속세를 벗어날 수 있고, 무엇을 하면서 또 아무것에도 구애되지 않고 아무것도 얻지 않는 것이 최상승이다. 최상승이 가장 철저한 방법이며 이는 말로 하는 것이 아니라 스스로 수행하는 것이므로 나에게 물어서는 안 된다."

時有一僧名智常, 來曹溪山禮拜和尙, 問四乘法義. 智常問和尙曰: "佛說三乘, 又言最上乘. 弟子不解, 望爲敎示."

慧能大師曰: "汝自身心見, 莫著外法相. 元無四乘法. 人心量四等, 法有四乘: 見聞讀誦是小乘; 悟法解義是中乘; 依法修行是大乘; 萬法盡通, 萬行具備, 一切不離, 但離法相, 作無所得, 是最上乘. 最上乘是最上行義, 不在口諍. 汝須自修, 莫問吾也."

❖

또 남양 출신의 신회라는 스님이 조계산에 와서 혜능대사께 예를 올리며 물었다.

"스님은 좌선할 때 보십니까, 보지 않으십니까?"

대사께서 일어나 신회를 세 차례 때리시고 물었다.

"내가 너를 때렸는데 아프냐, 아프지 않으냐?"

신회가 대답했다.

"아프기도 하고 아프지 않기도 합니다."

대사께서 말씀하셨다.

"그렇다면 나도 보기도 하고 보지 않기도 하느니라."

신회가 또 물었다.

"보기도 하고 보지 않기도 한 것은 무엇입니까?"

대사께서 말씀하셨다.

"내가 보는 것은 나의 허물이다. 그러므로 본다고 했다. 내가 보지 않는 것은 하늘, 땅, 사람의 모든 잘못이다. 그러므로 보지 않는다고 했다. 너는 아프기도 하고 아프지 않기도 하다고 했는데 그것은 무엇이냐?"

又有一僧名神會, 南陽人也, 至曹溪山禮拜, 問言: "和尙坐禪, 見不見?"

大師起, 把打神會三下, 却問神會: "吾打汝, 痛不痛?"

神會答曰: "亦痛亦不痛."

六祖言曰: "吾亦見亦不見."

神會又問大師: "何以亦見亦不見?"

大師言: "吾亦見, 常見自過患, 故雲亦見; 亦不見者, 不見天地人過罪, 所以亦見亦不見也. 汝亦痛亦不痛如何?"

❖

신회가 대답했다.

"아프지 않다고 하면 무정한 나무와 돌과 같고, 아프다고 하면 곧 범부와 같아서 원망하는 마음이 생깁니다."

대사께서 말씀하셨다.

"신회야, 이리 오너라. 보는 것과 보지 않는 것은 서로 대립된 것이고, 아픈 것과 아프지 않은 것은 생멸하는 과정이니라. 너는 자기 본성도 깨닫지 못하면서 어찌하여 사람을 놀리려고 하느냐?"

신회가 예를 올리고 아무 말도 하지 못했다.

대사께서 말씀하셨다.

"네 마음이 미혹하여 본성을 찾지 못하면 깨달은 이들에게 가르침을 구하라. 네 마음을 깨달아 본성을 찾으면 깨달은 불법에 따라 수행하라. 너 스스로 미혹하여 자기 본성을 보지 못하면서 내게 와서 보는지 보지 않는지를 묻느냐? 설령 내가 보지 못해도 너의 보지 못함을 대신할 수 없고, 너 스스로 본다 해도 나를 대신해 나의 본성을 찾을 수는 없다. 어째서 스스로 수행하여 자기 본성을 찾지 않고 내게 와서 보는지 보지 않는지를 묻느냐?"

신회가 다시 예를 올린 뒤 제자가 되어 조계산을 떠나지 않고 혜능대사 곁에 머물렀다.

神會答曰: "若不痛, 卽同無情木石; 若痛, 卽同凡夫, 卽起於恨."

大師言: "神會, 向前, 見不見是兩邊, 痛不痛是生滅. 汝自性且不見, 敢來弄人!"

神會禮拜, 更不敢言. 大師言: "汝心迷不見, 問善知識覓路. 汝心悟自見, 依法修行. 汝自迷不見自心, 却來問慧能見否. 吾不自知, 代汝迷不得. 汝若自見, 代得我迷? 何不自修, 乃問吾見否?"

神會作禮, 便爲門人, 不離曹溪山中, 常在左右.

❖

대사께서 제자 법해, 지성, 법달, 지상, 지통, 지철, 지도, 법진, 법여, 신회 등을 불러 말씀하셨다.

"앞으로 가까이 오너라. 너희들은 남들과 다르다. 내가 세상을 떠난 뒤에 너희들은 각자 한 곳에서 불법을 전파할 것이다. 그래서 지금 너희에게 불법을 말할 때 근본 이치에서 벗어나지 않는 법을 가르쳐 주겠다.

우선 삼과법문을 들고, 대법을 서른여섯 가지 이용해 항상 이원적 대립을 초월해야 한다. 모든 현상을 깨닫되 자기 본성을 떠나지 말라.

모든 법을 설하되 성상을 떠나지 말라. 누가 불법을 묻거든 쌍으로 대구하여 대답함으로써 양쪽 모두 보게 하라. 앞말과 뒷말이 서로 보완하게 하여 근본적으로 이원적 대립과 분별에서 벗어나며, 다른 무엇에서 불법을 구하지 말라.

삼과법문이란 음, 계, 입이고, 음은 색, 수, 상, 행, 식 오음이며, 계는 육진, 육문, 육식 십팔계이고, 입은 외육진과 중육진 십이입이니라. 육진은 무엇인가? 색, 성, 향, 미, 촉, 법이다. 육문은 무엇인가? 눈, 귀, 코, 혀, 몸, 뜻이다. 존재 자체가 여섯 가지 기능을 일으키는데 이것이 안식, 이식, 비식, 설식, 신식, 의식이며 또 육문과 육진을 일으킨다. 우리 본성 속에 모든 불법이 들어 있으므로 이를 함장식이라고 한다. 생각을 하면 모든 인식 기능으로 전환된다. 생각을 하고 육식이 일어나 육문으로 드나들면 육진이 생겨나는데 이를 십팔계라고 한다. 우리 본성에 그릇된 마음이 생기면 사악함이 열여덟 가지 생겨나고 우리 본성에 바른 마음이 생기면 정직함이 열여덟 가지 생겨난다. 악한 마음에 휘둘리면 중생이고 선한 마음에 쓰이면 부처다. 이 작용들은 어디에서 나오는가? 바로 자기 본성에서 나온다."

大師遂喚門人法海, 志誠, 法達, 智常, 智通, 志徹, 志道, 法珍, 法如, 神會. 大師言: "汝等十弟子近前. 汝等不同餘人. 吾滅度後, 汝各爲一方師. 吾敎汝說法, 不失本宗. 擧三科法門, 動用三十六對, 出沒卽離兩邊. 說一切法, 莫離於性相. 若有人問法, 出語盡雙, 皆取對法, 來去相因, 究竟二法盡除, 更無去處. 三科法門者: 陰, 界, 入. 陰是五陰, 界是十八界, 入是十二入. 何名五陰? 色陰, 受陰, 想陰, 行陰, 識陰是. 何名十八界? 六塵, 六門, 六識.

何名十二入? 外六塵, 中六門. 何名六塵? 色, 聲, 香, 味, 觸, 法是. 何名六門? 眼, 耳, 鼻, 舌, 身, 意是. 法性起六識: 眼識, 耳識, 鼻識, 舌識, 身識, 意識; 六門, 六塵. 自性含萬法, 名爲含藏識. 思量卽轉識. 生六識, 出六門, 見六塵, 是三六十八. 由自性邪, 起十八邪; 若自性正, 起十八正. 若惡用卽衆生, 善用卽佛. 用由何等? 由自性."

❖

"바깥 경지인 무정에 대법이 다섯 가지 있으니, 하늘과 땅, 해와 달, 어둠과 밝음, 음과 양, 물과 불이다. 언어법상에 대법이 열두 가지 있으니, 유위와 무위, 유색과 무색, 유상과 무상, 유루와 무루, 색과 공, 움직임과 고요함, 맑음과 탁함, 범과 성, 승과 속, 늙음과 젊음, 김과 짧음, 높음과 낮음이 있다. 자기 본성에서 작용하는 것에 대법이 열아홉 가지 있으니, 그릇됨과 바름, 어리석음과 지혜, 미련함과 슬기로움, 어지러움과 차분함, 계와 잘못됨, 곧음과 굽음, 실과 허, 험난함과 평탄함, 번뇌와 보리, 자비와 해침, 기쁨과 분노, 버림과 아낌, 나아감과 물러남, 태어남과 사라짐, 항상과 무상, 법신과 색신, 화신과 보신, 본체와 작용, 성품과 형상이다. 언어법상에 대법이 열두 가지 있고, 바깥 경지인 무정에 대법이 다섯 가지 있고 자기 본성에 작용하는 것에 대법이 열아홉 가지 있으니, 상대적으로 존재하는 현상을 모두 합치면 서른여섯 가지가 된다."

"對. 外境無情對有五: 天與地對, 日與月對, 暗與明對, 陰與陽對, 水與火對. 語言法相對有十二對: 有爲無爲對, 有色無色對, 有相無相對, 有漏無漏對, 色與空對, 動與靜對, 淸與濁對, 凡與聖對, 僧與俗對, 老與少對, 長與短對, 高與下對. 自性居起用對有十九對: 邪與正對, 癡與慧對, 愚與智對, 亂與定對, 戒與非對, 直與曲對, 實與虛對, 險與平對, 煩惱與菩提對, 慈與害對, 喜與嗔對, 舍與慳對, 進與退對, 生與滅對, 常與無常對, 法身與色身對, 化身與報身對, 體與用對, 性與相對. 語言法相對有十二對, 外境無情有五對, 自性居起用有十九對, 都合成三十六對法也."

❖

"이 대법 서른여섯 가지로 모든 불경을 해석하면 깊은 깨달음을 얻고 극단적 편견에서 벗어날 수 있다.
자기 본성에서 어떻게 대법 서른여섯 가지를 사용해야 할까? 사람을 사귈 때 밖으로는 현상 속에 처하면서 현상에 얽매이지 말아야 하고, 안으로는 공에 머물면서 공에 얽매이지 말아야 한다. 공에 집착하면 미혹하게 되고, 현상에 집착하면 그릇된 생각을 갖게 된다. 불법을 곡해한 이들이 '문자를 쓰지 않는다'고 말하는데, 문자조차 쓰지 않는다면 사람은 말조차 하지 말아야 한다. 말이 곧 문자이기 때문이다.
자기 본성으로 공을 이해하면 언어의 본성은 공이 아님을 알게 된다. 미혹한 사람이 스스로 현혹되는 것은 언어 자체 때문이다. 어둠은 스스로 어둡지 않으며 밝음 때문에 어두운 것이고, 밝음은 스스로 밝지 않고 어둠 때문에 밝은 것이다. 어둠으로써 밝음이 나타나고 밝음으로써 어둠이 나타나니 서로 의지하는 것이다. 상대적 현상 서른여섯 가지도 이와 같으니라."

"此三十六對法, 解用通一切經, 出入卽離兩邊. 如何自性起用, 三十六對? 共人言語, 出外, 於相離相; 入內, 於空離空. 著空則惟長無明; 著相則惟長邪見. 謗法, 直言'不用文字'. 旣雲'不用文字', 人不合言語; 言語卽是文字. 自性上說空, 正語言本性不空. 迷人自惑, 語言除故. 暗不自暗, 以明故暗; 明不自明, 以暗故明. 以明顯暗, 以暗顯明, 來去相因. 三十六對, 亦複如是."

혜능대사께서 말씀하셨다.

"너희 열 명은 앞으로 불법을 전파하면서《단경》을 가르쳐 주어 큰 뜻을 잃어버리지 않게 하라.《단경》을 받아들이지 않는 것은 나의 큰 뜻을 받아들이지 않는 것이다. 이제《단경》을 얻었으니 대대로 전승하게 하라.《단경》을 만나는 이는 모두 나의 가르침을 직접 받는 것과 같으니라."

열 제자가 혜능의 가르침을 받고《단경》을 글로 베껴 대대로 전했다. 이를 만나는 이가 마음으로 이해한다면 반드시 자기 본성을 볼 수 있을 것이다.

大師言: "十弟子, 已後傳法, 遞相教授一卷《壇經》, 不失本宗. 不稟受《壇經》, 非我宗旨. 如今得了, 遞代流行. 得遇《壇經》者, 如見吾親授."

十僧得教授已, 寫爲《壇經》, 遞代流行. 得者必當見性.

❖

혜능대사는 선천 2년 8월 3일에 돌아가셨다. 7월 8일에 제자들을 불러 작별하셨다. 혜능대사가 선천 원년에 신주 국은사에 탑을 지었으며 그 이듬해에 완성되자 제자들과 작별하셨다.

혜능대사께서 말씀하셨다.

"너희들은 앞으로 가까이 오너라. 내가 8월이 되면 세상을 떠날 것이다. 의문이 있다면 서둘러 물어보아라. 내가 의문을 풀어 주어 더 이상 미혹하지 않고 마음이 편하게 해 주겠다. 내가 떠나고 나면 너희들을 가르쳐 줄 사람이 없으리라."

大師先天二年八月三日滅度. 七月八日喚門人告別. 大師先天元年於新州國恩寺造塔, 至先天二年告別. 大師言: "汝衆近前, 吾至八月欲離世間. 汝等有疑早問, 爲汝破疑, 當令迷盡, 使汝安樂. 吾若去後, 無人敎汝."

❖

제자들이 예를 올리며 혜능대사께 게송을 청한 뒤 공경하는 마음으로 듣고 마음에 새겼다.
게송은 이러했다.

모든 것에 진실이 없으니
눈에 보이는 것이 반드시 진실인 것은 아니라네
눈으로 본 것이 진실이라고 생각해도
그것은 헛된 환상일 뿐이로다
자기 마음속 진실을 알고 싶다면 허상을 떠나라

그러면 보이리라

자기 마음이 허상을 떠나지 않아 진실이 없는데

어디에서 진실을 찾을 수 있겠는가

생명이 있으면 움직이고, 생명이 없으면 움직이지 않도다

움직이지 않는 수행을 한다면

생명이 없는 물건과 같으리라

참으로 움직이지 않는다면

실은 움직임 속에 움직이지 않음이 있는 것이라네

움직이지 않음이 죽음 같은 것이라면

생명이 없는 것과 같도다

생명이 없으면 부처의 씨앗도 없느니라

모든 형상을 잘 분별하되 최종적인 뜻은 움직이지 말라

만약 깨달을 수 있어서 이런 견해가 생겨난다면

진정한 본성이 작용한 것이니라

도를 배우는 모든 이에게 이르노니

모름지기 마음으로 깨닫기 위해 힘쓰고

대승의 법문에 얽매여 생사 분별에 집착하지 말라

서로 응하면 함께 불법을 논하고,

응하지 않으면 합장하여 선을 행할 것을 권하라

이 가르침은 다툼이 아니며 다투면

불법을 거스르는 것이니라
이론 논쟁에 집착하면
자기 본성이 곧 생사의 길에 빠지리니

법해를 비롯한 여러 제자들이 듣고 슬퍼했지만 오직 신회만이 아무런 반응도 없이 울지 않았다.
그러자 혜능대사께서 말씀하셨다.

"젊은 신회만이 좋음과 나쁨이 같고, 헐뜯음과 칭찬함에 흔들리지 않는 경지에 도달하였구나. 다른 사람들은 이런 경지에 도달하지 못했다. 여러 해 동안 산에서 무슨 도를 닦았는가? 너희가 지금 슬피 우는 것은 또 누구를 걱정함인가? 내가 죽어 어디로 가는지 몰라서 근심하는 것인가?
내가 어디로 가는지 몰랐다면 너희들을 불러 작별하지 않았을 것이다. 너희들이 우는 것은 내가 어디로 가는지 모르기 때문이다. 내가 어디로 가는지 안다면 슬피 울지 않을 것이다. 본성에는 태어남과 사라짐이 없고, 가고 오는 것도 없다. 모두 앉거라. 너희에게 〈진가동정게〉라는 게송을 주겠다. 이것을 잘 읽고 그 뜻을 깨달으면 내 마음과 같을 것이다. 이 게송에 따라 수행하고 근본 뜻에서 벗어나지 말라."

僧衆禮拜, 請大師留偈, 敬心受持. 偈曰:

一切無有眞, 不以見於眞, 若見於眞者, 是見盡非眞.

若能自有眞, 離假卽心眞, 自心不離假, 無眞何處眞.

有情卽解動, 無情卽無動, 若修不動行, 同無情不動.

若見眞不動, 動上有不動, 不動是不動, 無情無佛種.

能善分別性, 第一義不動, 若悟作此見, 則是眞如用.

報諸學道者, 努力須用意, 莫於大乘門, 却執生死智.

前頭人相應, 卽共論佛義, 若實不相應, 合掌禮勸善.

此敎本無諍, 若諍失道意, 執迷諍法門, 自性入生死.

法海等衆僧聞已, 涕淚悲泣, 唯有神會不動, 亦不悲泣. 六祖言: "神會小僧, 却得善不善等, 毁譽不動. 餘者不得, 數年山中, 更修何道! 汝今悲泣, 更憂阿誰? 憂吾不知去處在? 若不知去處, 終不別汝. 汝等悲泣, 卽不知吾去處; 若知去處, 卽不悲泣. 性無生滅, 無去無來. 汝等盡坐, 吾與汝一偈: 〈眞假動靜偈〉. 汝等盡誦取此偈, 意與吾同. 依此修行, 不失宗旨."

❖

제자들이 듣고 혜능대사의 뜻을 알고는 더 이상 논쟁하지 않고 오로지 불법에 의지해 수행했다. 대사의 입적이 얼마 남지 않았음을 알고 사람들이 찾아와 예를 올리자 법해상좌가 앞으로 나와 물었다.

"스님께서 가시고 나면 법의는 누가 물려받아야 하겠습니까?"

혜능대사께서 말씀하셨다.

"불법은 이미 전하였으니 더 묻지 말라. 내가 떠난 뒤 이십여 년이 지나면 그릇된 생각이 세상에 유행하여 나의 큰 뜻을 어지럽힐 것이다. 그러면 어떤 사람이 나와서 몸과 목숨을 아끼지 않고 불교의 옳고 그름을 결정하여 큰 뜻을 세울 것이다. 그것이 곧 부처가 되는 올바른 방법이다. 법의는 전하지 않겠다. 믿지 않으면 내가 앞선 다섯 조사의 〈전의부법송〉을 들려주겠다. 이 게송을 들으면 알 것이다. 제1대 조사 달마대사의 게송에 따르면 더 이상 법의를 전할 필요가 없다. 들어 보아라."

衆僧旣聞, 識大師意, 更不敢諍, 依法修行. 一時禮拜, 卽知大師不久住世. 上座法海向前言: "大師, 大師去後, 衣法當付何人?"

大師言: 法卽付了, 汝不須問. 吾滅後二十餘年, 邪法繚亂, 惑我宗旨. 有人出來, 不惜身命, 定佛敎是非, 竪立宗旨, 卽是吾正法. 衣不合傳. 汝不信, 吾與誦先代

五祖〈傳衣付法頌〉. 若據第一祖達摩頌意, 卽不合傳衣. 聽吾與汝誦. 頌曰:

❖

일조 달마스님이 게송으로 말씀하셨다.

내가 머나먼 당나라에 온 것은
불법을 전수하여 미혹한 중생을 구제하려는 것이로다
한 꽃에 다섯 잎이 열려 자연히 열매가 맺으리라

이조 혜가스님이 게송으로 말씀하셨다.

땅이 있어서 땅에 씨앗을 심어 꽃이 피나니
만약 본래로 땅이 없다면
어디에서 꽃이 피어나리오

삼조 승찬스님이 게송으로 말씀하셨다.

꽃씨가 땅 위에서 꽃을 피우니
땅이 있어야 꽃도 있다네

하지만 꽃씨가 태어나는 본성이 없으면
땅에 심어도 꽃이 피지 않는도다

사조 도신스님이 게송으로 말씀하셨다.

꽃씨에 태어나는 본성이 있어
땅에 심으면 싹이 트고 줄기가 자라지만
인연이 닿지 않으면 결과가 나오지 않는다네

오조 홍인스님이 게송으로 말씀하셨다.

뜻이 있는 사람이 씨앗을 심으면
뜻이 없는 씨앗도 싹을 틔우지만
뜻이 없는 사람이 씨앗을 심으면 씨앗에도 뜻이 없으니
마음의 땅에서 뜻이 있는 꽃이 피어나지 못하리니

육조 혜능스님이 게송으로 말씀하셨다.

마음의 땅이 모든 씨앗을 머금으니
법의 비가 내려 꽃을 피우노라

스스로 이 꽃의 뜻을 깨달았으니

보리의 열매가 스스로 맺히는구나

第一祖達摩和尙頌曰:

吾本來唐國, 傳敎救迷情, 一花開五葉, 結果自然成.

第二祖慧可和尙頌曰:

本來緣有地, 從地種花生, 當來元無地, 花從何處生.

第三祖僧璨和尙頌曰:

花種須因地, 地上種花生, 花種無生性, 於地亦無生.

第四祖道信和尙頌曰:

花種有生性, 因地種花生, 先緣不和合, 一切盡無生.

第五祖弘忍和尙頌曰:

有情來下種, 無情花卽生, 無情又無種, 心地亦無生.

第六祖慧能和尙頌曰:

心地含情種, 法雨卽花生, 自悟花情種, 菩提果自成.

❖

혜능대사께서 말씀하셨다.

"내가 달마스님의 뜻에 따라 너희에게 게송 두 수를 지어 줄 터니니 이 게송에 따라 수행하여라. 그러면 반드시 본성을 볼 수 있을 것이다."

첫 번째 게송으로 말씀하셨다.

마음의 땅에 그릇된 꽃이 피면
꽃잎이 뿌리를 따라 변하여
함께 여러 가지 잘못을 저지르니
장차 반드시 악과를 받으리로다

두 번째 게송으로 말씀하셨다.

마음의 땅에 바른 꽃이 피면
꽃잎이 뿌리를 따라 변하여
함께 반야의 지혜를 닦으니
장차 반드시 부처님의 깨달음을 얻으리로다

육조스님께서 게송을 말씀하신 후에 모두를 돌려보냈다. 제자들이 밖으로 나와 방금 들은 말씀을 생각하고는 대사의 입적이 멀지 않았음을 알았다.

能大師言: 汝等聽吾作二頌, 取達摩和尙頌意. 汝迷人依此頌修行, 必當見性.

第一頌曰:

心地邪花放, 五葉逐根隨, 共造無明業, 見被業風吹.

第二頌曰:

心地正花放, 五葉逐根隨, 共修般若慧, 當來佛菩提.

六祖說偈已了, 放衆生散. 門人出外思維, 卽知大師不久住世.

❖

8월 3일, 혜능대사께서 제자들에게 말씀하셨다.

"모두 앉아라. 내가 이제 너희들과 작별하리라."

법해가 물었다.

"이 돈교는 몇 대에 걸쳐 전해 내려온 것입니까?"

대사께서 말씀하셨다.

"처음에 일곱 부처님으로부터 전수되었으니 석가모니불이 그 일곱째이시다. 그 후 대가섭은 8대, 아난은 9대, 말전지는 10대, 상나화수는 11대, 우바국다는 12대, 제다가는 13대, 불타난제는 14대, 불타밀다는 15대, 협비구는 16대, 부나사는 17대, 마명은 18대, 비라장자는 19대, 용수는 20대, 가나제바는 21대, 라후라는 22대, 승가나제는 23대, 승가야사는 24대, 구마라타는 25대, 사야타는 26대, 바수반다는 27대, 마나라는 28대, 학륵나는 29대, 사자비구는 30대, 사나바사는 31대, 우바굴은 32대, 승가라는 33대, 수바밀다는 34대, 남천축국 왕자 셋째 보리달마는 35대, 당나라 스님 혜가는 36대, 승찬은 37대, 도신은 38대, 홍인은 39대, 나 혜능이 지금 법을 받아 40대가 되었다."

六祖後至八月三日, 食后, 大師言: "汝等著位坐, 吾今共汝等別."

法海問言: "此頓教法傳授, 從上已來至今幾代?"

六祖言: "初傳授七佛, 釋迦牟尼佛第七, 大迦葉第八, 阿難第九, 末田地第十, 商那和修第十一, 優婆鞠多第十二, 提多迦第十三, 佛陀難提第十四, 佛陀蜜多第十五, 脇比丘第十六, 富那奢第十七, 馬鳴第十八, 毗羅長者第十九, 龍樹第二十, 迦那提婆第二十一, 羅睺羅第二十二, 僧伽那提第二十三, 僧迦耶舍第二十四, 鳩摩羅駄第二十五, 者耶多第二十六, 婆修盤多第二十七, 摩拏羅第二十八, 鶴勒那第二十九, 師子比丘第三十, 舍那婆斯第三十一, 優婆堀第三十二, 僧伽羅第三十三, 須婆蜜多第三十四, 南天竺國王子第三太子菩提達摩第三十五, 唐國僧慧可第三十六, 僧璨第三十七, 道信第三十八, 弘忍第三十九, 慧能自身當今受法第四十."

❖

대사께서 말씀하셨다.

"오늘 이후로는 서로 전수하며 의지하고 믿어서 큰 뜻을 잃지 말라."

법해가 또 말했다.

"스님께서 가시면 무슨 법에 의지해야 합니까? 후대 사람들로 하여금 어떻게 부처님을 보게 하시겠습니까?"

혜능대사께서 말씀하셨다.

"잘 들어라. 후대의 미혹한 사람이 중생을 알 수 있다면 불성을 깨달을 것이고, 중생을 알지 못하면 영원히 부처를 찾지 못할 것이다. 너희가 중생을 알고 불성을 볼 수 있도록 내가 지금 〈견진불해탈송〉이라는 게송을 남길 것이다. 미혹하면 부처를 보지 못하고 깨달으면 부처를 볼 것이다."

"제가 대사의 게송을 듣고 그것을 기록하여 대대로 전해 주고 끊어지지 않게 하겠습니다."

大師言: "今日已後, 遞相傳受, 須有依約, 莫失宗旨."

法海又白: "大師今去, 留付何法? 令後代人如何見佛?"

六祖言: "汝聽, 後代迷人但識衆生, 卽能見佛; 若不識衆生, 覓佛萬劫不可得也. 吾今敎汝識衆生見佛, 更留〈見眞佛解脫頌〉. 迷卽不見佛, 悟者乃見."

法海願聞, 代代流傳, 世世不絶.

혜능대사께서 말씀하셨다.

"잘 들어라. 후대 사람들이 부처를 찾고자 하면 중생을 알아야 한다. 중생을 알면 부처를 이해할 수 있을 것이다. 이는 부처가 중생 속에 나타나고 중생을 떠나면 부처의 마음도 없기 때문이다."

미혹하면 부처의 마음을 가진 이도
중생의 마음밖에 드러낼 수 없으므로 그는 중생일 뿐이니라
깨달으면 중생의 마음을 가진 이가
부처의 마음을 드러낼 수 있으니 그가 바로 부처이니라
어리석으면 부처의 마음을 가진 이도
중생의 마음밖에 드러낼 수 없으므로 그는 중생일 뿐이니라
지혜로우면 중생의 마음을 가진 이가
부처의 마음을 드러낼 수 있으니 그가 바로 부처이니라
마음이 험악하면 부처의 마음을 가진 이도
중생의 마음밖에 드러낼 수 없으므로 그는 중생일 뿐이니라
마음이 평등하면 중생의 마음을 가진 이가
부처의 마음을 드러낼 수 있으니 그가 바로 부처이니라
평생 마음이 평등하지 않으면
부처가 중생의 마음속에 숨어 겉으로 나올 수 없고,
한순간이라도 마음이 평등하면

중생도 당장 부처가 될 수 있도다
내 마음속에 부처가 있으니
자기 마음속 부처야말로 진정한 부처로다
마음속에 부처의 마음이 없는데
어찌 다른 곳에서 부처를 구하리오

六祖言: "汝聽, 吾與汝說. 後代世人, 若欲覓佛, 但識衆生, 卽能識佛. 卽緣有衆生, 離衆生無佛心.

迷卽佛衆生, 悟卽衆生佛.

愚癡佛衆生, 智慧衆生佛.

心險佛衆生, 平等衆生佛.

一生心若險, 佛在衆生心.

一念悟若平, 卽衆生自佛.

我心自有佛, 自佛是眞佛.

自若無佛心, 向何處求佛."

혜능대사께서 말씀하셨다.

"너희들은 잘 수행하거라. 내가 〈자성견진불해탈송〉이라는 게송을 남기겠다. 후대의 미혹한 사람이 이 게송의 뜻을 깨달으면 자기 본성을 보고 진정한 불도를 이룰 것이다. 이 게송을 너희에게 남기고 너희와 작별하겠다."

게송은 이러했다.

분별심이 일어나지 않는 본성이 진정한 부처요,
그릇된 생각과 욕심, 분노, 어리석음이 진정한 마귀로다
그릇된 생각을 가진 이는 마귀가 그의 몸속에 있고
바른 생각 가진 사람은 부처가 그의 마음속에 찾아오는도다
본성이 그릇된 생각에 물들면 욕심, 분노, 어리석음이 생겨
마귀의 집이 되느니라
바른 생각이 욕심, 분노, 어리석음을 없애면
마귀가 부처로 변하니 참되어 거짓이 없다네
우주의 본체를 법신이라 하고 크게 깨달아
복과 지혜가 충만한 부처와 보살을 보신이라 하며
세상의 중생과 삼라만상을 화신이라고 하는데
이 세 몸이 원래 한 몸이로다
세 몸이 하나 된 자기 생명 속에서
스스로 깨달을 것을 구한다면

이것이 곧 깨달음을 얻고 부처가 되는 인연이니라

형태가 있는 우리의 생명은 화신이고

깨끗하고 분별심 없는 우리 본성은

그 화신 속에 있고 또 그 화신 속에서 드러난다네

화신 속에 있는 본성이 화신을 바른 길로 인도하면

장차 원만함이 무궁하리라

정욕은 본래 깨끗함의 원동력이니

정욕이 없으면 청정한 성품의 몸도 없다네

다만 본성 가운데 눈, 귀, 코, 혀, 몸이

일으키는 욕망을 없애면

찰나에도 진정한 본성을 볼 수 있도다

금생에 돈교의 가르침을 깨달으면

금생에 부처를 눈으로 직접 볼 수 있으리니

돈오의 이치를 알지 못하고 수행해서 부처를 찾으려 하면

진정한 부처가 어디에 있는지 모른다네

자기 마음속에서 진정한 본성을 발견할 수 있다면

진정한 본성이 곧 그대를 성불하게 하리라

자기 마음속에서 진정한 부처를 찾지 않고 밖에서 찾으면

크게 어리석은 사람이로다

돈오의 가르침이 서쪽에서 전해졌으니

세상 사람들을 구도하려면 먼저 스스로 수행해야 하느니라
불법을 배우는 이들이여, 그대들에게 이 가르침을 남기니
이를 따르지 않으면 세월을 허비하게 되리라

大師言: "汝等門人好住, 吾留一頌, 名〈自性見眞佛解脫頌〉. 後代迷人識此頌意, 卽見自心自性眞佛. 與汝此頌, 吾共汝別. 頌曰:

眞如淨性是眞佛, 邪見三毒是眞魔.

邪見之人魔在舍, 正見之人佛卽過.

性中邪見三毒生, 卽是魔王來住舍.

正見忽除三毒心, 魔變成佛眞無假.

化身報身及法身, 三身元本是一身.

若向身中覓自見, 卽是成佛菩提因.

本從化身生淨性, 淨性常在化身中.

性使化身行正道, 當來圓滿眞無窮.

婬性本是淨性因, 除婬卽無淨性身.

性中但自離五欲, 見性刹那卽是眞.

今生若悟頓教門, 悟卽眼前見世尊.

若欲修行求覓佛, 不知何處欲覓眞.

若能身中自有眞, 有眞卽是成佛因.

自不求眞外覓佛, 去覓總是大癡人.

頓教法者是西流, 救度世人須自修.

今報世間學道者, 不於此見大悠悠."

❖

대사께서 게송을 마치고 제자들에게 말씀하셨다.

"잘 수행하거라. 이제 너희들과 작별하겠다. 내가 떠난 뒤에 세상 사람들처럼 슬피 울거나 사람들의 조문과 돈을 받지 말고 상복도 입지 말라. 그렇게 한다면 진정한 불법에 맞지 않는 것이며 나의 제자가 아니다. 내가 살아 있던 때와 마찬가지로 해야 한다. 한때 조용히 앉아 태어남도 사라짐도 없고, 감도 없고 옴도 없으며, 옳음도 없고 그름도 없고, 머무름도 없고 떠남도 없이 고요한 것이 궁극적 존재이니라. 내가 떠난 뒤에 오직 불법에 따라 수행하면 나와 함께 있는 것과 같을 것이다. 내가 만약 세상에 있더라도 너희가 불법을 거스른다면 내가 살아 있은들 이익이 없을 것이다."

大師說偈已了, 遂告門人曰: "汝等好住, 今共汝別. 吾去已後, 莫作世情悲泣而受人吊問, 錢帛, 著孝衣, 卽非聖法, 非我弟子. 如吾在日一種. 一時端坐,但無動無靜, 無生無滅, 無去無來, 無是無非, 無住無往, 坦然寂靜, 卽是大道.

吾去以後, 但依法修行, 共吾在日一種. 吾若在世, 汝違敎法, 吾住無益."

❖

혜능대사께서 이 말씀을 마치시고 삼경에 이르러 문득 돌아가셨다.

혜능대사의 춘추가 일흔여섯이었다.

대사께서 돌아가신 날, 절 안에 기이한 향기가 가득하여 여러 날이 지나도 흩어지지 않았고, 산이 무너지고 땅이 진동하며 숲의 나무가 하얗게 변하고 해와 달은 광채가 없고 바람과 구름이 빛을 잃었다. 8월 3일에 돌아가시고 11월에 이르러 조계산에서 스님의 장사를 지냈다. 그때 감실에서 돌연 흰빛이 나타나 하늘로 솟구쳤다가 사흘 뒤에 흩어졌다. 소주자사 위거가 기념비를 세워 지금까지 공양하고 있다.

大師言此語已, 夜至三更, 奄然遷化. 大師春秋七十有六.

大師滅度之日, 寺內異香氛氳, 數日不散; 山崩地動, 林木變白, 日月無光, 風雲失色. 八月三日滅度, 至十一月迎和尙神坐於曹溪山, 葬在龍龕之內. 白光出現, 直上衝天, 三日始散. 韶州刺史韋璩立碑, 至今供養.

❖

이《단경》은 상좌인 법해스님이 모은 것이다. 법해스님이 돌아가니 같이 배운 도제스님이 물려받았고 도제스님이 돌아가시니 제자 오진스님이 물려받았다. 오진스님이 영남 조계산 법흥사에서 지금 이 법을 전수하고 있다. 이 불법을 물려받으면 상등의 지혜를 갖고 마음이 부처를 향하여 자비로운 마음을 갖게 될 것이다. 이 불경에 의지하여 불법을 이어받아 지금까지도 끊어지지 않고 있다.

법해스님은 본래 소주 곡강현 사람이다.

여래께서 열반에 드신 뒤 불법이 동쪽 땅으로 흘러 들어와 진리를 전파했으니 나의 마음도 자유롭도다.

이것은 진정한 보살의 말씀이며 우리에게 수행법을 알려 주고 있다.

큰 지혜를 가르치는 사람만이 속된 세상에 가서 중생들에게 부처의 뜻을 알려 줄 것이다.

수행하기를 맹세하고 어려움을 만나도 물러서지 않으며 괴로워도 참을 수 있고 복과 덕이 깊고 두터워야만 이 불법을 전할 수 있을 것이다. 근성이 이를 참아 내지 못하고 재능과 도량이 부족하면 설사 이 불법을 구하더라도 함부로《단경》을 물려주지 말 것이다. 도를 같이 하는 모든 이들에게 이 깊은 뜻을 알려 주노라.

此《壇經》, 法海上座集. 上座無常, 付同學道際; 道際無常, 付門人悟眞; 悟眞在嶺南曹溪法興寺, 現今傳授此法.

如付此法, 須得上根智, 深信佛法, 立於大悲. 持此經以爲稟承, 於今不絶.

和尙本是韶州曲江縣人也.

如來入涅, 法敎流東土,

共傳無住, 卽我心無住.

此眞菩薩說, 眞實示行喩,

唯敎大智人, 示旨於凡度.

誓(願)修行, 遭難不退, 遇苦能忍, 福德深厚, 方授此法. 如根性不堪, 材量不得, 雖求此法, 達立不得者, 不得妄付《壇經》. 告諸同道者, 令知密意.

인생을 편안하게 즐기며 사는 육조단경의 지혜

불안하지 않게 사는 법

1판 1쇄 2018년 5월 8일
1판 3쇄 2021년 7월 27일

지은이 페이융
옮긴이 허유영
펴낸이 유경민 노종한
기획편집 유노북스 이현정 함초원 **유노라이프** 박지혜 **유노책주** 김세민
기획마케팅 1팀 우현권 **2팀** 정세림 유현재 정혜윤 김승혜
디자인 남다희 홍진기
기획관리 차은영
펴낸곳 유노콘텐츠그룹 주식회사
법인등록번호 110111-8138128
주소 서울시 마포구 월드컵로20길 5, 4층
전화 02-323-7763 **팩스** 02-323-7764 **이메일** info@uknowbooks.com

ISBN 979-11-86665-95-4 (03190)

• — 책값은 책 뒤표지에 있습니다.
• — 잘못된 책은 구입한 곳에서 환불 또는 교환하실 수 있습니다.
• — 유노북스, 유노라이프, 유노책주는 유노콘텐츠그룹 주식회사의 출판 브랜드입니다.